John MacArthur

ADORAR

¡La máxima prioridad!

CENTRO DE LITERATURA CRISTIANA

CENTRO DE LITERATURA CRISTIANA
en países de habla hispana

Colombia:	Centro de Literatura Cristiana
	ventasint@clccolombia.com
	editorial@clccolombia.com
	Bogotá, D.C.
Chile:	Cruzada de Literatura Cristiana
	ventas@clcchile.com
	Santiago de Chile
Ecuador:	Centro de Literatura Cristiana
	ventasbodega@clcecuador.com
	Quito
España:	Centro de Literatura Cristiana
	madrid@clclibros.org
	Madrid
Panamá:	Centro de Literatura Cristiana
	clcmchen@cwpanama.net
	Panamá
Uruguay:	Centro de Literatura Cristiana
	libros@clcuruguay.com
	Montevideo
USA:	CLC Ministries International
	churd@clcpublications.com
	Fort Washington, PA
Venezuela:	Centro de Literatura Cristiana
	distribucion@clcvenezuela.com
	Valencia

EDITORIAL CLC
Diagonal 61D Bis No. 24-50
Bogotá, D.C., Colombia
editorial@clccolombia.com
www.clccolombia.com

ISBN: 978-958-8691-61-9
ADORAR, la máxima prioridad por **John MacArthur**

© 2013. Derechos reservados de esta edición por Centro de Literatura Cristiana.

Copyright ©2012. Publicada originalmente en los Estados Unidos por Moody Publishers, 820 N. LaSalle Blvd., Chicago, IL 60610 bajo el título The Ultimate Priority, copyright © 1983 by The Moody Bible Institute of Chicago. Traducido con permiso.

La reimpresión, publicación digital o anuncio en internet de nuestros libros, folletos, transcripciones de casetes, videos, DVDs, CDs, o cualquier formato digital o e-book sin permiso del editor, está prohibida, excepto en el caso de citar porciones pequeñas en artículos o revistas mencionando la fuente.
A menos que se indique lo contrario, las citas bíblicas son tomadas y traducidas de la Santa Biblia Nueva Biblia Estándar Americana (NBEA)© por Lockman Foundation y es usada con permiso.

Edición y Diseño Técnico: Editorial CLC
Impreso en Colombia — Printed in Colombia
Somos miembros de la Red Letraviva: www.letraviva.com

TABLA DE CONTENIDO

Prefacio 7
1. Lo que el mundo necesita ahora 11
2. La adoración como un estilo de vida 29
3. Salvos para adorar 43
4. Dios: ¿Existe? ¿Quién es? 61
5. El Dios inmutable y omnipotente 79
6. El Dios que está en todas partes
   (y lo sabe todo) 95
7. Santo, Santo, Santo 113
8. Comienza un nuevo tiempo 133
9. Éste debe ser el lugar 151
10. Adorar al Padre 163
11. Adorar en Espíritu y en verdad 173
12. Gloria a Dios en las alturas 191
13. Cómo glorificar a Dios 207
14. La adoración, según el modelo original 223

Para:
*Dale y Lorraine Smith
en su aniversario número 50;
con gratitud porque dieron
sus vidas al Señor; y su hija a mi vida.*

PREFACIO

El salmista afirma que la principal prioridad del hombre es hacer eco del deseo de Dios: *Tributen al* Señor *la gloria que merece su nombre; póstrense ante el* Señor *en su santuario majestuoso* (Salmos 29:2). Está claro que el deber supremo de la criatura durante su tiempo en la tierra, y en la eternidad, es adorar al Creador.

Mi propio corazón ha sido perseguido incesantemente por el león de la adoración a lo largo de los años que llevo recorriendo la Escritura. Mi mente ha sido acechada por la realidad maravillosa y majestuosa de la adoración sin que haya podido evitarlo. La historia se mueve por un camino que algún día se ensanchará y será lo que Isaías llamó: *un camino de santidad*. Allí, *los redimidos* siempre lo adorarán con *cantos de alegría y con una alegría eterna* (Isaías 35:8–10). De hecho, la forma en que usted adora, refleja la esperanza que tiene acerca de su destino eterno.

En mi ministerio, siempre he anhelado guiar a las personas para que tengan un encuentro personal con la majestad de nuestro Dios vivo y santo, pero por años no tuve un entendimiento completo acerca de lo que era la adoración y cómo debía realizarse. Debido a una reciente frustración personal por mis propias fallas en cuanto a la adoración, y a una profunda preocupación por una iglesia contemporánea que parece saber tan poco sobre la verdadera adoración, como yo, busqué entender mejor el mensaje de la Biblia, el cual afirma que la adoración es la expresión esencial del servicio ofrecido a Dios.

Ahora, Dios ha puesto en mí el deseo de dedicarme a perseguir al león. Anhelo que el pueblo de Dios se una a mí, aunque lucho porque a menudo la iglesia parece muy pragmática, programada y centrada en el éxito. En el proceso de esforzarse por suplir nuestras necesidades y satisfacer nuestros deseos, la iglesia ha dejado colar la filosofía del «humanismo cristiano», que falla al promover el hedonismo, el extremo fortalecimiento de la autoestima, la realización personal y la gloria a sí mismo.

Parece haber poco interés en adorar a nuestro Dios glorioso a Su manera. La supuesta adoración se parece un poco más a una liturgia (de alta o baja calidad) identificada por los vitrales, la música de órgano, las canciones y las oraciones cargadas de emoción. Si el boletín no dijera: «Servicio de adoración» de pronto, no sabríamos qué es lo que se supone que estamos haciendo. Y eso refleja la ausencia de una vida de adoración, en la que un servicio de domingo es sólo un exceso corporativo.

Este libro es un llamado a la adoración personal del Dios trino y santo. Es un llamado a desarrollar un estilo de vida radicalmente diferente por parte del creyente: una vida que busque adorar a Dios de forma continua, no solo el domingo. El llamado es nuevo teniendo en cuenta que generalmente los cristianos de nuestro tiempo han omitido el modelo de Dios. El llamado es antiguo debido a que suena una y otra vez en la invitación del salmista:

Vengan, postrémonos reverentes, doblemos la rodilla ante el SEÑOR nuestro Hacedor. Porque él es nuestro Dios y nosotros somos el pueblo de su prado; ¡somos un rebaño bajo su cuidado! (Salmos 95:6–7a).

La lectura de este libro lo exhortará a buscar a nuestro Dios en toda Su gloria. Una respuesta obediente a Él lo transformará en un verdadero adorador, teniendo la principal prioridad en el lugar que corresponde.

Comprométase con usted mismo a aprender piadosamente conmigo y experimente, así como yo, la verdad sobre la adoración que transforma las vidas.

Capítulo 1

Lo Que El Mundo Necesita Ahora

Hace algunos años, el periódico *Chicago Tribune* publicó la historia de una mujer de Nuevo México la cual mientras estaba fritando tortillas notó cómo en la sartén, tras quemársele una de éstas, aparecía un rostro similar a la cara de Jesús. Emocionada, se la mostró a su esposo y a sus vecinos, quienes estuvieron de acuerdo en que había una cara grabada en la tortilla y que de verdad se parecía a Jesús.

Entonces, la mujer fue donde el sacerdote para que bendijera la tortilla. Ella testificó que la tortilla le había cambiado la vida y su esposo estuvo de acuerdo, pues desde que había llegado la tortilla, era una esposa más tranquila, feliz y sumisa. El sacerdote, que no estaba acostumbrado a bendecir tortillas, se mostró un poco reacio, pero finalmente accedió a hacerlo.

La mujer se llevó la tortilla a su casa, la puso en una caja de vidrio con montones de algodón para hacerla ver como si flotara en las nubes, construyó un altar especial y abrió el santuario a los visitantes. Pocos meses después, más de 8.000 personas habían llegado al santuario del Jesús de la Tortilla y todos estaban de acuerdo en que la cara en las marcas quemadas de la tortilla era la cara de Jesús (excepto por un reportero que dijo que se le parecía al antiguo campeón de peso pesado Leon Spinks).

Parece increíble que muchas personas adoren a una tortilla. No obstante, tal concepto distorsionado no es inusual en la sociedad contemporánea. Trágicamente, aunque la Biblia es clara acerca de cómo, a quién y cuándo debemos adorar, en nuestros días se ofrece muy poca adoración genuina. De hecho, la adoración es una de las doctrinas más malinterpretadas de todas las Escrituras, ocasionando un debilitamiento espiritual, ya que una comprensión de lo que es la adoración resulta fundamental para cualquier aplicación completa de la Escritura.

La Adoración en la Biblia

El concepto de adoración predomina en la Biblia. En Génesis, descubrimos que la Caída sucedió cuando el hombre dejó de adorar a Dios. En Apocalipsis, aprendemos que toda la historia culmina en una comunidad que adora eternamente en la presencia del eterno Dios amoroso. Desde el comienzo en Génesis, hasta la consumación en Apocalipsis, la doctrina de la adoración se entreteje con la malla armónica del texto bíblico.

Jesús citó Deuteronomio 6:4–5 y lo denominó el mandamiento más importante: *El más importante es: Oye, Israel,*

El Señor nuestro Dios es el único Señor contestó Jesús. Ama al Señor tu Dios con todo tu corazón, con toda tu alma, con toda tu mente y con todas tus fuerzas (Marcos 12:29–30). Ese es un llamado a la adoración en donde es afirmada como una prioridad universal.

Éxodo 20 registra la institución de los diez mandamientos. El primero de éstos hace un llamado que regula la adoración:

No tengas otros dioses además de mí. No te hagas ningún ídolo, ni nada que guarde semejanza con lo que hay arriba en el cielo, ni con lo que hay abajo en la tierra, ni con lo que hay en las aguas debajo de la tierra. No te inclines delante de ellos ni los adores. Yo, el Señor tu Dios, soy un Dios celoso (v. 2–5).

En el Antiguo Testamento, la adoración abarcaba todos los aspectos de la vida: era el centro del pueblo de Dios. Por ejemplo, el tabernáculo fue diseñado y preparado para hacer énfasis en lo prioritaria que era la adoración. La descripción de sus detalles requirió siete capítulos –243 versículos– en Éxodo, en contraste con los 31 versículos en Génesis dedicados a la descripción de la creación del mundo.

El tabernáculo fue diseñado sólo para adorar. Era el lugar donde Dios se encontraba con Su pueblo; así que usarlo para cualquier actividad distinta a la adoración habría sido considerado como el sacrilegio más grande. En el tabernáculo no había sillas; los israelitas no iban allá para asistir a un servicio o para entretenerse. Iban a adorar a Dios. Si tenían una reunión con otro propósito, la llevaban a cabo en otro lugar.

La distribución del campamento sugiere que la adoración estaba por encima de cualquier otra actividad. El tabernáculo estaba en el centro y justo al lado estaban los sacerdotes, quienes dirigían la adoración. Un poco más lejos del tabernáculo estaban los levitas, quienes se ocupaban del servicio. Más allá estaban todas las tribus, ubicadas mirando hacia el centro, hacia el lugar de adoración.

Toda la actividad política, social y religiosa en Israel giraba alrededor de la ley, y la lista de ofrendas ceremoniales descritas en Levítico 1–7. Estos eran actos de adoración y eran tan importantes como la ley. La primera ofrenda de la lista es el holocausto, un sacrificio único porque era necesario que se consumiera completamente; se le ofrecía el todo a Dios. No se compartía ninguna parte con los sacerdotes o con la persona que la ofrecía, como sucedía con otro tipo de ofrendas.

El holocausto es la ilustración más significativa de lo que implica la adoración. De hecho, el altar en el que se presentaban las ofrendas era conocido como el altar del holocausto. De todas las ofrendas que se mencionan en la Escritura, este aparece en el comienzo de la lista como la representación de que cuando alguien va a Dios, debe ir, en primer lugar, como un acto de adoración, entregando todo a Él. De esta manera, Dios reafirma a la adoración como la máxima prioridad.

Lo que el mundo necesita ahora

La ley de Moisés explica con detalle cómo se debían usar exactamente los implementos en los servicios de adoración. Por ejemplo, Éxodo 30:34-36 da una indicación exacta acerca de cómo usar el incienso. El incienso es un símbolo de adoración en las Escrituras porque su fragancia se eleva en el aire, así como la verdadera adoración se eleva a Dios. Los versículos 37 y 38 advierten acerca del incienso:

...y no deberá hacerse ningún otro incienso con la misma fórmula, pues le pertenece al SEÑOR. Ustedes deberán considerarlo como algo sagrado. Quien haga otro incienso parecido para disfrutar de su fragancia, será eliminado de su pueblo.

En otras palabras Dios dijo: «Hay una receta para este perfume especial, emblema de la adoración. Este perfume será un perfume único y santo. Si alguien se atreve a usar este perfume para sí mismo, solo para oler mejor, le quitaré la vida».

De forma clara, hay algo tan único, tan santo acerca de la adoración, que la distingue completamente de cualquier actividad humana. ¡Que ningún hombre tome para sí aquello que Dios ha diseñado para sí mismo!

Nuestras vidas deben ser como el perfume –santo, aceptable, fragante– que se eleva a Dios como un olor dulce (ver Romanos 12:1 y 2ª Corintios 2:15). La persona que usa su vida para cualquier otro propósito distinto a la adoración, sin importar cuán noble parezca ese propósito, es culpable de un grave pecado. Es el mismo pecado que el de un israelita que malgastaba el incienso santo, un pecado tan serio que, según la ley, era castigado con la muerte.

Cuando la Adoración es Equivocada

Dios, en repetidas ocasiones, juzgó a aquellos que no lo adoraron de la forma apropiada. Cuando el pueblo de Israel idolatró al becerro de oro, Dios apaciguó Su justificada reacción inicial por Su misericordia, la cual hubiera sido la destrucción total de la nación, y apenas destruyó a unos miles. Esta situación ilustra de forma gráfica cómo se siente Dios frente a la falsa adoración.

Levítico 10 describe la ordenación del sacerdocio de Nadab y Abiú, los hijos de Aarón, el sumo sacerdote. Ellos habían esperado por muchos años, desde su infancia y juventud, para ser sacerdotes. Se habían preparado, formado y entrenado para el sacerdocio y ahora iban a ser ordenados.

Pero en su primera función real como sacerdotes, ofrecieron un *fuego que no tenían que ofrecer*. No hicieron lo que estaba prescrito para los sacerdotes cuando dirigían al pueblo en la adoración. Actuaron independientemente de la revelación de Dios sobre la adoración apropiada, y Dios los mató a ambos instantáneamente.

Fue un día triste. Después de esperar durante todas sus vidas para dirigir al pueblo en la adoración, perdieron el derecho a todo por un movimiento equivocado durante el primer día. Eran hombres jóvenes, estaban emocionados, quizás bien intencionados; pero desobedecieron y murieron en el acto.

El rey Saúl fue culpable de un pecado similar. En 1º Samuel 13:8–14, leemos:

Allí estuvo esperando siete días, según el plazo indicado por Samuel, pero éste no llegaba. Como los soldados comenzaban a desbandarse, Saúl ordenó: "Tráiganme el holocausto y los sacrificios de comunión"; y él mismo ofreció el holocausto. En el momento en que Saúl terminaba de celebrar el sacrificio, llegó Samuel. Saúl salió a recibirlo, y lo saludó. Pero Samuel le reclamó: ¿Qué has hecho? Y Saúl le respondió: Pues como vi que la gente se desbandaba, que tú no llegabas en el plazo indicado, y que los filisteos se habían juntado en Micmás, pensé: "Los filisteos ya están por atacarme en Gilgal, y ni siquiera he implorado la ayuda del SEÑOR". Por eso me atreví a ofrecer el holocausto. ¡Eres un necio! le replicó Samuel. No has cumplido el mandato que te dio el SEÑOR tu Dios. El SEÑOR habría establecido tu reino sobre Israel para siempre, pero ahora te digo que tu reino no permanecerá. El SEÑOR ya está buscando un hombre más de su agrado, pues tú no has cumplido su mandato.

Saúl decidió usurpar el papel del sacerdote. Se apartó del método de adoración ordenado por Dios y al final esto le costó el trono a él y a sus descendientes.

Uza era un coatita. Los coatitas tenían la responsabilidad de transportar el Arca del Pacto. Uno de los principios fundamentales aprendidos fue el de nunca tocar el Arca. La llevaban con varas que metían en los anillos que estaban a los lados del Arca, y la transportaban sobre sus hombros, de la forma determinada explícitamente en Números 4:5–6. El versículo 15 dice que el Arca tenía que cubrirse cuidadosamente *para que no tocaran los objetos santos y murieran.*

Ese era el método de Dios. 2º Samuel 6 describe el método de Uza:

> *Al llegar a la parcela de Nacón, los bueyes tropezaron; pero Uza, extendiendo las manos, sostuvo el arca de Dios. Con todo, la ira del SEÑOR se encendió contra Uza por su atrevimiento y lo hirió de muerte ahí mismo, de modo que Uza cayó fulminado junto al arca (vv. 6–7).*

Uza, desobedeciendo el método divinamente ordenado, permitió que el Arca fuera transportada en un carro nuevo. Como se iba sacudiendo por el camino, casi se vuelca. Uza, quien fue entrenado durante toda su vida para proteger al Arca del Pacto, estiró el brazo para evitar que se saliera del carro. La tocó y Dios lo mató en el acto.

Podría parecer que Uza sólo estaba tratando de hacer su trabajo, pero lo estaba haciendo mal. Intentó por todos los medios cumplir con su responsabilidad delante de Dios de una forma que no se ajustaba a la revelación que

Dios había dado. Pudo haber visto su reacción como un acto de adoración, como un intento por preservar la santidad de Dios, pero realmente profanó el Arca al tocarla con su mano. Esto le costó la vida.

Dios no aceptará la adoración que se aparte de Su modelo. Alguien podría insistir en que cualquier tipo de adoración sincera es aceptable para Dios, pero eso no es verdad. La Biblia nos enseña claramente que aquellos que ofrecen adoración a su manera son inaceptables ante Dios, a pesar de sus buenas intenciones. No importa cuán pura pueda ser nuestra motivación o cuán sinceros seamos en nuestros intentos. Si no adoramos a Dios de acuerdo con Su revelación, Él no puede bendecirnos.

Cuatro Formas de Adoración Inaceptable

La Escritura sugiere que hay por lo menos cuatro categorías de adoración errónea. Una es la *adoración a dioses falsos*. No existe otro Dios, sino el Dios de la Biblia quien es un Dios celoso que no tolera la idolatría. En Isaías 48:11, Dios dice: *¡No cederé mi gloria a ningún otro!* Éxodo 34:14 dice: *No adores a otros dioses, porque el S*EÑOR *es muy celoso. Su nombre es Dios celoso.* Aun hoy, el mundo adora dioses falsos. Romanos 1:21 acusa a toda la humanidad: *A pesar de haber conocido a Dios*, Pablo escribe hablando de la raza humana: *no lo glorificaron como a Dios ni le dieron gracias.* De hecho, como se rehusaron a adorar a Dios, empezaron a hacer imágenes. *Cambiaron la gloria del Dios inmortal por imágenes que eran réplicas del hombre mortal, de las aves, de los cuadrúpedos y de los reptiles* (v. 23).

Se rehusaron a adorar a Dios y, en cambio, se volvieron a dioses falsos, lo cual resultó inaceptable. El versículo 24 nos menciona las consecuencias de adorar a un dios falso: *Por eso Dios los entregó a los malos deseos de sus corazones.* El versículo 26 dice: *Por tanto, Dios los entregó a pasiones vergonzosas,* y el versículo 28 agrega: *los entregó a la depravación mental.*

El resultado de la adoración errónea es simplemente la entrega del hombre al pecado y sus consecuencias. ¿Puede imaginarse algo peor? Sus pecados aumentaron y se convirtieron en el factor dominante de sus vidas. Por último, en Romanos 1:32 y 2:1 aprendemos que enfrentaron el juicio sin tener excusa alguna.

Todos adoramos, incluso un ateo. Él se adora a sí mismo. Cuando los hombres rechazan a Dios, adoran dioses falsos. Eso, por supuesto, es lo que Dios prohíbe en Su primer mandamiento.

Los dioses falsos pueden ser tanto objetos materiales como seres míticos y sobrenaturales. Los dioses materiales pueden ser adorados sin siquiera tener el pensamiento consciente de que son deidades. Job 31: 24–28 dice:

> *¿Acaso he puesto en el oro mi confianza, o le he dicho al oro puro: 'En ti confío?' ¿Me he ufanado de mi gran fortuna, de las riquezas amasadas con mis manos? ¿He admirado acaso el esplendor del sol o el avance esplendoroso de la luna, como para rendirles*

culto en lo secreto y enviarles un beso con la mano? ¡También este pecado tendría que ser juzgado, pues habría yo traicionado al Dios de las alturas!

Encontramos la descripción de un hombre que se rehusó a inclinarse a adorar su riqueza material. Si usted adora lo que posee, si centra su vida en sí mismo, en sus posesiones o, aun, en sus necesidades, usted ha negado a Dios.

Habacuc 1:16 describe la falsa adoración de los caldeos: *Babilonia los saca a todos [los justos] con anzuelo, los arrastra con sus redes, los recoge entre sus mallas, y así se alegra y regocija.* Sus redes eran su fuerza militar y el dios al que adoraban, era el poder armamentista, un dios falso.

Algunos adoran a dioses sobrenaturales, supuestas deidades. Esto, también, es inaceptable. 1ª Corintios 10:20 dice que las cosas sacrificadas a los ídolos en realidad se sacrifican a los demonios. Por lo tanto, si los hombres adoran dioses falsos, realmente están adorando a los demonios que intentan suplantar al Dios verdadero.

Hechos 17:29 presenta una observación maravillosa de Pablo. *Por tanto, siendo descendientes de Dios, no debemos pensar que la divinidad sea como el oro, la plata o la piedra: escultura hecha como resultado del ingenio y de la destreza del ser humano.* Somos hechos a imagen de Dios y no estamos hechos de plata, piedra o madera. ¿Cómo podríamos pensar que nuestro Creador es así?

Un segundo tipo de adoración inaceptable es la *adoración al Dios verdadero pero en forma errónea.* Éxodo 32:7–9

Adorar, *La máxima prioridad*

registra la reacción de Dios cuando los israelitas hicieron un becerro de oro para adorar:

> *Entonces el Señor le dijo a Moisés: Baja, porque ya se ha corrompido el pueblo que sacaste de Egipto. Demasiado pronto se han apartado del camino que les ordené seguir, pues no sólo han fundido oro y se han hecho un ídolo en forma de becerro, sino que se han inclinado ante él, le han ofrecido sacrificios, y han declarado: 'Israel, ¡aquí tienes a tu dios que te sacó de Egipto! Ya me he dado cuenta de que éste es un pueblo terco añadió el Señor, dirigiéndose a Moisés.*

Cuando los israelitas elaboraron el becerro fundido, creían estar adorando al Dios verdadero, a través de una imagen.

Años después, como se registró en Deuteronomio 4:14–19, Moisés les dijo a los israelitas allí reunidos:

> *En aquel tiempo el Señor me ordenó que les enseñara los preceptos y las normas que ustedes deberán poner en práctica en la tierra que van a poseer al cruzar el Jordán. El día que el Señor les habló en Horeb, en medio del fuego, ustedes no vieron ninguna figura. Por lo tanto, tengan mucho cuidado de no corromperse haciendo ídolos o figuras que tengan alguna forma o imagen de hombre o de mujer, o imágenes de animales terrestres o de aves que vuelan por el aire, o imágenes de animales que se arrastran por la tierra, o peces que viven en las aguas debajo de*

la tierra. De lo contrario, cuando levanten los ojos y vean todo el ejército del cielo es decir, el sol, la luna y las estrellas, pueden sentirse tentados a postrarse ante ellos y adorarlos. Esos astros los ha designado el Señor, el Dios de ustedes, como dioses de todas las naciones que están debajo del cielo.

En otras palabras, cuando Dios se reveló a los israelitas, no se presentó de una forma visible. No hubo una representación tangible de Dios, y esto fue así a lo largo de todas las Escrituras. ¿Por qué? Porque Él no desea ser reducido a una imagen.

Si usted piensa que Dios es como un anciano con una gran barba que está sentado en una silla, eso es inaceptable. La idolatría no empieza con el cincel de un escultor, empieza en la mente. Cuando pensamos en Dios, ¿qué deberíamos visualizar? Absolutamente nada. No hay una concepción visual de Dios que pueda representar adecuadamente Su gloria eterna. Por eso Dios se describe como luz. No es posible hacer una estatua de luz.

Un tercer tipo de adoración errónea es la *adoración al Dios verdadero según el concepto personal*. Como hemos visto, Nadab y Abiú, Saúl y Uza fueron culpables de adorar a Dios con sus propios métodos, sin considerar Su revelación. Esta es una adoración tan falsa como la que se le ofrece a un ídolo de piedra, y Dios no la acepta.

Los fariseos trataban de adorar al Dios verdadero con un sistema basado en sus propios conceptos; Jesús les dijo:

¿Y por qué ustedes quebrantan el mandamiento de Dios a causa de la tradición? (Mateo 15:3). Su adoración era una abominación.

El último tipo de adoración falsa es aun más sutil que cualquiera de las tres que hemos mencionado; es: la *adoración al Dios verdadero, de la forma correcta pero con una actitud equivocada.*

Si eliminamos todos los dioses falsos, todas las imágenes del Dios verdadero y todas las formas de adoración, según conceptos personales, nuestra adoración continuaría siendo inaceptable si la actitud del corazón no es la correcta. De pronto, usted no adora dioses o imágenes que hagan referencia al Dios verdadero y quizás, usted no es culpable de inventar su propia forma de adoración. Pero, ¿adora con la actitud correcta? Si no es así, su adoración es inaceptable ante Dios.

¿Todo su ser está en adoración? Cuando llega el tiempo de dar, ¿le da lo mejor de todo lo que tiene? ¿Su ser interior está lleno de asombro y reverencia? No muchas personas responden a estas preguntas de forma afirmativa.

En Malaquías 1, Dios denuncia al pueblo de Israel por su adoración inapropiada. *Pues en que ustedes traen a mi altar alimento mancillado,* dice (v.7). Trataban los temas de la adoración con desdén, con displicencia, al ofrecer animales ciegos, cojos y enfermos (v. 8), en lugar de llevar lo mejor que tenían. Estaban demostrando desprecio frente a la seriedad de la adoración. En el versículo 10, Dios dice: *No estoy nada contento con ustedes dice el Señor*

Todopoderoso, y no voy a aceptar ni una sola ofrenda de sus manos. Él se rehusó a aceptar su adoración porque su actitud no era correcta.

También, el libro de Amós permite comprender mejor la intensidad del odio de Dios respecto a la adoración ofrecida con una actitud equivocada. En Amós 5:21–24, Dios dice:

Yo aborrezco sus fiestas religiosas; no me agradan sus cultos solemnes. Aunque me traigan holocaustos y ofrendas de cereal, no los aceptaré, ni prestaré atención a los sacrificios de comunión de novillos cebados. Aleja de mí el bullicio de tus canciones; no quiero oír la música de tus cítaras. ¡Pero que fluya el derecho como las aguas, y la justicia como arroyo inagotable!

Oseas vio la misma verdad. Oseas 6:4–6 dice:

¿Qué voy a hacer contigo, Efraín? ¿Qué voy a hacer contigo, Judá? El amor de ustedes es como nube matutina, como rocío que temprano se evapora. Por eso los hice pedazos por medio de los profetas; los herí con las palabras de mi boca. ¡Mi sentencia los fulminará como un relámpago! Lo que pido de ustedes es amor y no sacrificios, conocimiento de Dios y no holocaustos.

Esto era hipocresía, no adoración. Las ofrendas estaban vacías, al igual que muchas hoy. Eran culpables de ofrecerle a Dios el símbolo, más no lo auténtico.

Isaías 1 presenta la misma acusación:

> *¿De qué me sirven sus muchos sacrificios? dice el* Señor. *Harto estoy de holocaustos de carneros y de la grasa de animales engordados; la sangre de toros, corderos y cabras no me complace. ¿Por qué vienen a presentarse ante mí? ¿Quién les mandó traer animales para que pisotearan mis atrios? No me sigan trayendo vanas ofrendas; el incienso es para mí una abominación. Luna nueva, día de reposo, asambleas convocadas; ¡no soporto que con su adoración me ofendan! Yo aborrezco sus lunas nuevas y festividades; se me han vuelto una carga que estoy cansado de soportar. Cuando levantan sus manos, yo aparto de ustedes mis ojos; aunque multipliquen sus oraciones, no las escucharé, pues tienen las manos llenas de sangre (v. 11–15).*

Lea con cuidado a los profetas menores. Las profecías de la destrucción de Israel y Judá se relacionan con el hecho de que no adoraron a Dios con la actitud correcta.

Nuestra Necesidad más Grande

Tal vez, la necesidad más grande de toda la cristiandad es tener un claro entendimiento de la enseñanza bíblica acerca de la adoración. Cuando la iglesia no adora de la forma apropiada, falla en el resto de áreas. El mundo está sufriendo debido a esa falla.

La mayoría de personas en el mundo ofrece una falsa adoración; la clase de adoración que se enfoca en una tortilla, en cosas materiales, en rituales o formas, o aun en bendiciones divinas; o es la clase de adoración que sigue un concepto personal, o demuestra una actitud errónea. Dios no la aceptará, la Biblia es clara al respecto.

Debemos buscar una comprensión sana acerca de lo que es la adoración. Dios lo ha ordenado. Nuestro ministerio depende de esto. Es crucial para nuestra relación con Él y para nuestro testimonio en este mundo. No podemos seguir ignorándolo. Hay demasiado en juego.

2
Capítulo

LA ADORACIÓN COMO UN ESTILO DE VIDA

¿Qué tan amplio es el concepto bíblico de adoración? y, ¿qué tan precisa es la percepción que usted tiene de ésta? La adoración es a la vida cristiana como el timón al barco; como el motor al carro. Es el centro, el elemento más esencial.

La adoración no puede aislarse o quedar relegada a un lugar solamente, a un momento o a un segmento de nuestras vidas. No podemos agradecer y alabar a Dios verbalmente mientras existimos con vidas llenas de egoísmo y carnalidad. Esta clase de esfuerzo para adorar es una perversión. Los actos de adoración auténticos deben ser producto del desbordamiento de una vida de adoración.

En el Salmo 45:1, David dice: *En mi corazón se agita un bello tema mientras recito mis versos ante el rey; mi lengua es como pluma de hábil escritor.* La palabra hebrea para *agitar* significa «salirse» y, en cierto sentido, eso es realmente la adoración. El corazón está tan avivado por la justicia y el amor que, en sentido figurado, alcanza el punto de ebullición; la alabanza es el punto de efervescencia de un corazón que hierve. Se puede comparar con lo experimentado por los discípulos camino a Emaús: *¿No ardía nuestro corazón mientras conversaba con nosotros en el camino y nos explicaba las Escrituras?* (Lucas 24:32). Cuando Dios aviva el corazón con justicia y amor, la consecuencia es una vida de alabanza que hierve, es la expresión más verdadera de adoración.

¿Qué es Adoración?

Esta es una definición sencilla de adoración: honor y veneración dirigida hacia Dios. No necesitamos iniciar con una explicación más detallada que ésta. Mientras estudiemos el concepto de adoración a partir de la Palabra de Dios, dicha definición se irá enriqueciendo.

El Nuevo Testamento emplea varias palabras para adoración. Particularmente, hay dos de ellas que son altamente significativas. La primera es *proskuneo*, un término usado comúnmente que significa «besar a», «besar la mano» o «inclinarse ante». Es la palabra para adoración que relaciona adoración con humildad. La segunda palabra es *latreuo*, la cual sugiere reconocimiento del honor o rendir homenaje.

Los dos términos implican la acción de dar, ya que la adoración es dar algo a Dios. La palabra latina de la que surge nuestra palabra en español es *adorare*, que está ligada al concepto de dignidad. La adoración es reconocerle a Dios Su dignidad, o declarar y afirmar Su valor supremo.

La adoración como un estilo de vida

Cuando hablamos de adoración, nos referimos a algo que *nosotros* le damos a Dios. El cristianismo moderno, en cambio, parece estar comprometido con la idea de que Dios debería darnos a nosotros. De hecho, Dios *nos da* en abundancia, pero necesitamos entender el equilibrio de esa verdad: fuimos creados para dar honor y adoración a Dios. Este deseo apasionado y desinteresado de dar a Dios es la esencia y el corazón de la adoración. Primero, empieza con el ofrecimiento de nosotros mismos; después, de nuestras actitudes y por último, de nuestras posesiones, ya que la adoración es un estilo de vida.

La Adoración en tres Dimensiones

Un adjetivo esencial, usado muy a menudo en el Nuevo Testamento para describir actos apropiados de adoración, es la palabra *aceptable*. Hay por lo menos tres categorías de adoración aceptable en la Escritura.

La dimensión externa. Primero, la adoración puede reflejarse en la forma en la que nos comportamos con otros. Romanos 14:18 dice: *El que de esta manera sirve [latreuo] a Cristo, agrada a Dios.* ¿Cuál es una ofrenda aceptable para Dios? El contexto lo muestra: ser sensible ante la necesidad del hermano más débil. El versículo 13 dice: *Por tanto, dejemos de juzgarnos unos a otros. Más bien, propónganse no poner tropiezos ni obstáculos al hermano.* En otras palabras, un acto de adoración aceptable es tratar a nuestros hermanos cristianos con la sensibilidad adecuada. Esto honra a Dios, quien nos creó y nos ama. Esto refleja la compasión y el cuidado de Dios.

Romanos 15:16 da a entender que el evangelismo es una forma de adoración aceptable. Pablo escribe que se le dio una gracia especial *para ser ministro de Cristo Jesús a los gentiles, al ministrar como sacerdote del evangelio de Dios, a fin de que los gentiles lleguen a ser una ofrenda aceptable a Dios.* Los gentiles que habían sido ganados para Cristo en su ministerio se habían convertido en una ofrenda aceptable para Dios. Además, ellos mismos se habían vuelto adoradores.

En Filipenses 4:18, Pablo le agradece a los filipenses por una cantidad de dinero que le regalaron para ayudarlo en su ministerio: *Ya he recibido todo lo que necesito y aún más; tengo hasta de sobra ahora que he recibido de Epafrodito lo que me enviaron. Es una ofrenda fragante, un sacrificio que Dios acepta con agrado.* Aquí, la adoración aceptable se describe como aquella que se da a quienes están en necesidad. Esto glorifica a Dios, pues demostramos Su amor.

Entonces, la adoración puede expresarse al compartir amor con los hermanos creyentes, al compartir el evangelio con los que no creen y al satisfacer las necesidades físicas de las personas. Podemos resumirlo en una palabra: la adoración aceptable es *dar*. Es amor que comparte.

La dimensión interna. Una segunda categoría de adoración implica nuestra conducta personal. Efesios 5:8–10 dice: *Porque ustedes antes eran oscuridad, pero ahora son luz en el Señor. Vivan como hijos de luz (el fruto de la luz consiste en toda bondad, justicia y verdad) y comprueben lo que agrada al Señor.* La palabra *agradar* viene de un vocablo griego que significa aceptable. En este contexto, se refiere a la bondad, la justicia y la verdad, y nos indica claramente que hacer el bien es un acto aceptable de adoración a Dios.

Pablo inicia 1ª Timoteo 2 exhortando a los cristianos a orar por aquellos que tienen una posición de autoridad, con el fin de que los creyentes puedan llevar vidas tranquilas en santidad y dignidad. Observe con cuidado que las palabras finales del versículo 2 dicen *santidad y dignidad*. El versículo 3 continúa diciendo *esto es bueno y agradable a Dios nuestro Salvador*.

Entonces, compartir es un acto de adoración, y es el efecto de la adoración en la vida de otros. Hacer el bien también es un acto de adoración, sumado al efecto que esto produce en nuestras propias vidas. Hay otra relación que también se afecta por la genuina adoración, nuestra relación con Dios.

La dimensión vertical. Esta tercera categoría, la cual se resume maravillosamente como adoración, se describe en Hebreos 13:15–16. El versículo 15 dice: *Así que ofrezcamos continuamente a Dios, por medio de Jesucristo, un sacrificio de alabanza, es decir, el fruto de los labios que confiesan su nombre*. Cuando vemos la adoración desde la perspectiva de Dios, descubrimos que se trata de agradecimiento y alabanza. Con el versículo 16, el pasaje incluye las tres categorías de la adoración: *No se olviden de hacer el bien y de compartir con otros lo que tienen, porque ésos son los sacrificios que agradan a Dios*.

Alabar a Dios, hacer el bien y compartir con otros son actos de adoración legítimos que están en la Escritura. Esto involucra al concepto de adoración en cada actividad y relación de la vida humana. Como las Escrituras están dedicadas al tema de la adoración de principio a fin, el creyente debería dedicarse a la actividad de la adoración, siendo dominado por un deseo de usar cada momento de su vida para entregarse a sí mismo a hacer el bien, compartir y alabar a Dios.

Adoración en Cada Área de la Vida

Nuestra definición de adoración se enriquece cuando comprendemos que la verdadera adoración afecta cada área de nuestra vida. Estamos aquí para honrar y adorar a Dios en todo.

Pablo hace una declaración poderosa en Romanos 12:1-2 acerca del concepto de la adoración en cada área de la vida. Sus palabras siguen lo que, posiblemente, es la exposición teológica más grandiosa en toda la Escritura. Aquellos primeros once capítulos de Romanos son un tratado monumental que nos lleva desde la ira de Dios hasta la redención del hombre; ese es el plan de Dios para Israel y la Iglesia. Todos los temas de la teología de la redención se encuentran allí y, como respuesta a ellos, encontramos las tan conocidas palabras de Romanos 12:1-2:

> *Por lo tanto, hermanos, tomando en cuenta la misericordia de Dios, les ruego que cada uno de ustedes, en adoración espiritual, ofrezca su cuerpo como sacrificio vivo, santo y agradable a Dios. No se amolden al mundo actual, sino sean transformados mediante la*

renovación de su mente. Así podrán comprobar cuál es la voluntad de Dios, buena, agradable y perfecta.

Las misericordias de Dios se refieren a lo que Pablo describió en los primeros once capítulos. Tratan el tema del trabajo misericordioso de Dios a nuestro favor. A través de estos once capítulos de doctrina, Pablo define la vida cristiana y todos sus beneficios. Ahora, dice que nuestra única respuesta adecuada a lo que Dios ha hecho por nosotros, y el punto de inicio de la adoración espiritual y aceptable, es presentarnos a nosotros mismos como sacrificio vivo.

1ª Pedro reitera la misma verdad esencial. En el capítulo 1, Pedro hace una declaración completa y brillante de lo que Cristo ha hecho por nosotros:

¡Alabado sea Dios, Padre de nuestro Señor Jesucristo! Por su gran misericordia, nos ha hecho nacer de nuevo mediante la resurrección de Jesucristo, para que tengamos una esperanza viva y recibamos una herencia indestructible, incontaminada e inmarchitable. Tal herencia está reservada en el cielo para ustedes, a quienes el poder de Dios protege mediante la fe hasta que llegue la salvación que se ha de revelar en los últimos tiempos (1ª Pedro 1:3–5).

Observe la respuesta en el capítulo 2, versículo 5: *también ustedes son como piedras vivas, con las cuales se está edificando una casa espiritual. De este modo llegan a ser un sacerdo-*

cio santo, para ofrecer sacrificios espirituales que Dios acepta por medio de Jesucristo. El argumento de Pedro es idéntico al de Pablo: ya que Dios ha hecho todo esto por nosotros, debemos ocuparnos de ofrecer sacrificios de adoración espirituales que sean aceptables.

Otro pasaje del Nuevo Testamento que es paralelo a Romanos 12:1–2 es Hebreos 12:28–29. El versículo 28 dice: *Así que, recibiendo nosotros un Reino inconmovible* (de nuevo, habla de lo que Dios ha hecho por nosotros), *seamos agradecidos*. *Inspirados por esta gratitud adoremos a Dios* (la palabra es una forma de *latreuo*) *como a él le agrada, con temor reverente*. Nuestra respuesta a Dios que incluye todo, nuestra prioridad principal y la única actividad que importa, es la adoración pura y aceptable.

El Orden de las Prioridades

En repetidas ocasiones, la Palabra de Dios confirma la prioridad absoluta de la adoración. Hebreos 11 presenta una lista de héroes de la fe del Antiguo Testamento. El primero de la lista es Abel. En su vida hace eco una palabra: *adoración*. El tema dominante en la historia de Abel es que él era un verdadero adorador: adoró de acuerdo a la voluntad de Dios y Él aceptó su ofrenda. Esto es todo lo que sabemos de su vida.

La segunda persona en Hebreos 11 es Enoc, quien también puede identificarse con una sola palabra: *caminar*. Enoc caminó con Dios: vivió una vida dedicada, fiel y santa. ¡Un día, caminó de la tierra al cielo!

El tercero de la lista es Noé. Cuando pensamos en Noé, la palabra que se nos viene a la mente es *trabajar*. Invirtió 120 años construyendo el arca. Eso es trabajo, el trabajo de la fe.

Hay un orden en Hebreos 11 que va más allá del orden cronológico, es un orden de prioridades. Primero viene adorar, después caminar, luego trabajar. Es el mismo orden que vimos en la distribución del campamento del Israel alrededor del Tabernáculo. Más allá estaban los levitas, cuya función era servir. Las posiciones mostraban que la adoración era la actividad central y el servicio era secundario.

Se estableció el mismo orden para la Ley. Moisés estableció edades específicas como requisitos para distintos ministerios. Según Números 1:3, un israelita joven podía servir como soldado cuando tenía 20 años, Números 8:24 nos dice que un levita podía empezar a trabajar en el Tabernáculo cuando tenía 25 años. Pero Números 4:3 dice que para ser sacerdote y dirigir al pueblo en la adoración, un hombre tenía que tener entre 30 y 50 años. La razón es simple: dirigir la adoración demanda el nivel más alto de madurez, ya que la adoración, al ser la prioridad principal en el orden divino, adquiere mayor importancia.

Vemos el mismo orden de prioridades en las actividades de los ángeles. En Isaías 6, el profeta describe su visión:

El año de la muerte del rey Uzías, vi al Señor excelso y sublime, sentado en un trono; las orlas de su manto llenaban el templo. Por encima de él había serafines, cada uno de los cuales tenía seis alas: con dos de ellas se cubrían el rostro, con dos se cubrían los pies, y con dos volaban. Y se decían el uno al otro: "Santo, santo, santo es el Señor Todopoderoso; toda la tierra está llena de su gloria".

Los serafines son una clase de seres angelicales relacionados con la presencia de Dios. Resulta particularmente interesante observar que de sus seis alas, cuatro están relacionadas con la adoración y solo dos, con el servicio. Cubren sus pies para proteger la santidad de Dios, cubren sus caras porque no pueden mirar Su gloria. Con las alas restantes, son capaces de volar y cuidar de cualquier actividad que requiera su servicio.

El ministerio de la adoración debe mantenerse en perspectiva. A. P. Gibbs dijo acertadamente que el ministerio desciende del Padre por medio del Hijo, en el poder del Espíritu Santo mediante un instrumento humano. La adoración se inicia en el instrumento humano y asciende por el poder del Espíritu Santo por medio del Hijo hasta el Padre.[1]

En el Antiguo Testamento, el profeta, quien era un ministro de la Palabra de Dios, hablaba de parte de Dios al pueblo. El sacerdote, quien dirigía la adoración, hablaba de parte del pueblo a Dios. La adoración es el equilibrio perfecto para el ministerio, pero el orden de prioridad empieza con la adoración, no con el ministerio.

---

[1] A. P. Gibbs. Adoración (Kansas: Walterick). Pág. 13.

La adoración como un estilo de vida

Lucas 10 narra la conocida visita de Jesús a María y Marta:

*Mientras iba de camino con sus discípulos, Jesús entró en una aldea, y una mujer llamada Marta lo recibió en su casa. Tenía ella una hermana llamada María que, sentada a los pies del S*EÑOR*, escuchaba lo que él decía. Marta, por su parte, se sentía abrumada porque tenía mucho que hacer. Así que se acercó a él y le dijo:* —S*EÑOR, ¿no te importa que mi hermana me haya dejado sirviendo sola? ¡Dile que me ayude!* —*Marta, Marta* —*le contestó Jesús*—, *estás inquieta y preocupada por muchas cosas, pero sólo una es necesaria. María ha escogido la mejor, y nadie se la quitará* (Versículos del 38 al 42).

La adoración es el elemento esencial y principal, y el servicio es un corolario maravilloso y necesario de la adoración. Ésta es central en la voluntad de Dios; es el grandioso requisito indispensable de toda la experiencia del cristiano.

Jesús enseñó una lección similar, de nuevo en la casa de Marta y María. Lázaro, el hermano, a quien Jesús había levantado de los muertos, estaba allí.

Allí se dio una cena en honor de Jesús. Marta servía, y Lázaro era uno de los que estaban a la mesa con él. María tomó entonces como medio litro de nardo puro, que era un perfume muy caro, y lo derramó sobre los pies de Jesús, secándoselos luego con sus cabellos. Y la casa se llenó de la fragancia del perfume.

> *Judas Iscariote, que era uno de sus discípulos y que más tarde lo traicionaría, objetó: ¿Por qué no se vendió este perfume, que vale muchísimo dinero, para dárselo a los pobres?*
>
> *Dijo esto, no porque se interesara por los pobres sino porque era un ladrón y, como tenía a su cargo la bolsa del dinero, acostumbraba robarse lo que echaban en ella. Déjala en paz respondió Jesús. Ella ha estado guardando este perfume para el día de mi sepultura. A los pobres siempre los tendrán con ustedes, pero a mí no siempre me tendrán* (Juan 12: 2–8).

Lo que María hizo fue muy humilde. El cabello de una mujer es su gloria, y los pies de un hombre, sucios por el polvo o el barro de los caminos, no son la gloria de nadie.

Usar un ungüento tan costoso (el equivalente al salario de un año) parecía un derroche increíble para los pragmáticos, observe esto en Judas, pero Jesús los reprende por su actitud. El acto de María era adoración sincera y Jesús la elogia porque ella ha entendido cuál es la prioridad.

¿Cómo Lo Estamos Haciendo?

Trágicamente, ¡la adoración se ha perdido, en gran parte, entre toda la actividad que hace la iglesia! Hace unos años leí un relato en un periódico acerca de un grupo cristiano de un suburbio pudiente de Boston. Los anfitriones habían abierto las puertas de su suntuosa casa a los amigos y familiares, quienes se habían reunido a celebrar el nacimiento del primogénito. Mientras el grupo circulaba por ahí y las personas pasaban un tiempo maravilloso comiendo, bebiendo, celebrando y disfrutando, alguien dijo, «Por cierto, ¿dónde está el bebé?

El corazón de la madre saltó e instantáneamente abandonó la sala y corrió rápidamente a la habitación principal, donde había dejado al bebé durmiendo en medio de la inmensa cama. El bebé estaba muerto, se había ahogado por los abrigos de los invitados.

A menudo, pienso en este evento y lo relaciono con la forma en la que el Señor Jesucristo es tratado por Su propia iglesia. Supuestamente, estamos ocupados celebrándolo, cuando en realidad Él es ahogado por los abrigos de los invitados.

Tenemos muchas actividades y poca adoración, somos grandes en el ministerio y pequeños en la adoración. Somos desastrosamente pragmáticos y egoístas. Todo lo que queremos saber es sobre aquello que funcione para nosotros. Queremos fórmulas y trucos y, de alguna forma, durante el proceso dejamos de lado aquello para lo cual Dios nos ha llamado.

Somos demasiado "Martas" y poco "Marías". Estamos tan profundamente afianzados en el hacer que olvidamos el ser. Estamos programados e informados, planeados y ocupados, y ¡despreciamos la adoración! Tenemos nuestras funciones, nuestras propagandas, nuestros objetivos, nuestra orientación hacia el éxito; somos conscientes de los números y de nuestros esfuerzos tradicionales e incluso, caprichosos. Sin embargo, se nos escapa la adoración espiritual, verdadera y muy a menudo, aceptable.

Hace años, A. W. Tozer llamó a la adoración «la joya perdida de la iglesia». Si todavía estuviera con nosotros, estoy seguro de que reiteraría su afirmación sin dudar. 350,000 iglesias en Norte América poseen 8 billones de dólares destinados a ofrecer facilidades para adorar a Dios. Pero, ¿qué tan verdadera es la adoración que se ofrece?

Un distinguido explorador estaba haciendo una caminata por la jungla amazónica. Los hombres de una tribu llevaban las cargas pesadas y él los conducía con gran vigor para recorrer el terreno rápidamente. Al final del tercer día, descansaron y cuando llegó la mañana, y era tiempo de emprender la marcha de nuevo, los nativos se sentaron sobre sus cargas. El explorador hizo lo que pudo para levantarlos y moverlos pero no los hizo cambiar de opinión. Finalmente, el jefe le dijo: «Mi amigo, van a descansar hasta que sus almas recuperen los cuerpos».

Desearía que esto sucediera en la iglesia.

La adoración, como la Palabra de Dios la presenta, es interna, sacrificial, activa y productiva. No se parece en nada al concepto de adoración del mundo, y debe ser a Su manera, ya que es la única forma de adoración que Dios reconoce. La forma más pura de adoración es aquella que asciende hasta Dios como incienso dulce, la que se expresa continuamente en cada aspecto de nuestras vidas al compartir con otros, hacer buenas obras y ofrecer alabanza a Dios. Esa es la clase de adoración que Dios desea. Es adoración en el sentido más profundo y espiritual.

3
Capítulo

SALVOS PARA ADORAR

Adorar no es una opción. En Mateo 4:10, como respuesta a la tentación de Satanás, Jesús cita Deuteronomio 6:13: *Teme al SEÑOR tu Dios, sírvele solamente a él.* Decirle esto a Satanás, se suma a la orden dada a cada ser creado. Todos somos responsables de adorar a Dios.

La base sobre la cual se establece la adoración verdadera es la redención. El Padre y el Hijo han buscado redimirnos para que nos convirtamos en adoradores. Jesús dijo que el Hijo del Hombre había venido al mundo para buscar y salvar lo que se había perdido (Lucas 19:10). En Juan 4, se revela el propósito de su búsqueda: *porque también el Padre tales adoradores busca que lo adoren* (v. 23). El Padre envió a Cristo a buscar y a salvar con el propósito específico de formar un pueblo adorador.

Asimismo, el objetivo de la redención es hacernos adoradores. La razón principal por la que somos redimidos no es que escapemos del infierno, ese es un beneficio bendito, pero no es el propósito principal. El objetivo central por el que somos redimidos ni siquiera es que disfrutemos de las múltiples bendiciones eternas de Dios. De hecho, el motivo supremo de nuestra redención no es que *nosotros* recibamos algo.

Hemos sido redimidos para que Dios reciba adoración, de tal forma que nuestras vidas lo glorifiquen a Él. Cualquier bendición personal que recibamos es una respuesta divina al cumplimiento de ese propósito supremo.

Pablo lo afirmó cuando describió su propósito de evangelizar, en Romanos 1:5: *Por medio de él,* **y en honor (amor)** **a su nombre**, *recibimos el don apostólico para persuadir* (predicar) *a todas las naciones que obedezcan a la fe.* (Énfasis del autor). Juan hace eco de esto en 3ª Juan 7. Escribe que los misioneros fueron enviados para proclamar el evangelio *por amor del Nombre*. Nuestra salvación es, primero que todo, para la gloria de Dios.

Esto no quiere decir que no hay bendición en la salvación de cada creyente. Por el contrario, hay muchas. Y hay lugar para aferrarse del borde de Su manto y rehusarse a soltarlo hasta que nos bendiga. Pero las bendiciones son un beneficio adicional, no el fin último. Fuimos creados para buscar glorificar a Dios en vez de buscar obtener cualquier beneficio de Él.

Estar preocupado principalmente por las bendiciones es experimentar la salvación de modo superficial, centrándose en sí mismo. Jesús reprendió tal actitud en Mateo 6:33, cuando dijo: *Más bien, busquen primeramente el reino de Dios y su justicia, y todas estas cosas les serán añadidas.*

Salvos para adorar

A lo largo de las Escrituras, encontramos la confirmación de la verdad elemental de que la actividad principal de Dios siempre ha sido buscar verdaderos adoradores. Por la Palabra de Dios, vemos que toda la historia se consuma en el cielo, donde la totalidad de ese campo eterno de los redimidos resuena en adoración. El único propósito de nuestra estadía en el cielo es que podamos adorar a Dios correctamente y para siempre. Nosotros, junto con los redimidos de todas las épocas, somos guardados para ese fin glorioso y eterno.

Tal Como fue en el Principio

En la eternidad pasada, antes de que los hombres fueran creados, antes de que la tierra fuera formada, ya había adoración. Respecto a los ángeles, Nehemías 9:6 dice: *¡Por eso te adoran los ejércitos del cielo!* Esa es su actividad actualmente y ha sido su actividad desde su creación.

Cuando Adán y Eva fueron creados y puestos en este mundo, ellos también adoraban a Dios. Caminaban, hablaban con Dios en el jardín, y lo obedecían con una fidelidad incuestionable. El pecado llegó porque abandonaron la adoración pura al obedecer el consejo de Satanás acerca del mandato que Dios había expuesto claramente. Su obediencia incondicional a Dios se rompió. Tan pronto como aceptaron la palabra de Satanás y la pusieron por encima de la de Dios, dejaron de adorarlo y fueron malditos (Génesis 3:1–6).

La primera división visible registrada entre los hombres es la de Caín y Abel, y el conflicto surgió por sus formas de adoración. Caín llevó una ofrenda inaceptable ante Dios, y Abel, una aceptable. Caín estaba celoso de la aceptación de Dios a su hermano, y por esto lo mató (Génesis 4:3-8).

Redención en el Antiguo Testamento

En los tiempos del Antiguo Testamento estaba claro que las personas eran redimidas al adorar. La salida de Israel de Egipto es la ilustración de redención más grande. Después de su liberación de Egipto, la nación entera deambuló durante cuarenta años en el desierto del Sinaí hasta que murió una generación entera; esto sucedió porque dejaron de adorar a Dios de la forma apropiada, como respuesta a su redención. Escogieron seguir su propio camino, en lugar de seguir el de Dios; este fue el motivo de su muerte. Esa generación, incluyendo a Moisés, fue culpable de rebelión y se les prohibió la entrada a la Tierra Prometida.

Antes de que la siguiente generación entrara, finalmente, a la tierra, Moisés les dio instrucciones para la celebración de la fiesta de los primeros frutos, la cual sería un recordatorio de la importancia de la adoración verdadera y aceptable, como respuesta a la redención de Dios. Deuteronomio 26:8–9 registra: *Por eso el Señor nos sacó de Egipto con actos portentosos y gran despliegue de poder, con señales, prodigios y milagros que provocaron gran terror. Nos trajo a este lugar, y nos dio esta tierra, donde abundan la leche y la miel.* Era una declaración que proclamaba que Dios los había redimido. Observe en el versículo 10 la respuesta a esto: *Acto seguido, pondrás la canasta delante del Señor tu Dios, y te postrarás ante él.* Una vez que los israelitas hubiesen entrado en la tierra, solo tenían que seguir una fórmula sencilla para garantizar la bendición de Dios: adorarlo de la forma aceptable.

Nehemías registra un gran resurgimiento que se dio bajo el ministerio de Esdras. El pueblo se arrepintió, ayunó, oró, confesó sus pecados y adoró a Dios, permaneciendo unido. Duraron un día leyendo públicamente la Palabra de Dios y confesando sus pecados. Durante ese resurgimiento, los levitas dirigieron la adoración pública recitando todo lo que Dios había hecho por la nación a lo largo de su historia. Nehemías 9 es un registro del relato de los tiempos de bendición, así como de los tiempos de reprimenda. En la narración se muestra un patrón claro en la historia de Israel: siempre que el pueblo adoraba a Dios de la forma apropiada, Dios los bendecía. Pero cuando dejaban de adorar a Dios de la forma en que Él quería ser adorado, eran castigados.

La Adoración y la Cruz de Cristo

La vida y obra de Jesucristo están intrínsecamente unidas a la adoración. Durante su ministerio en la tierra, Él enseñó con su ejemplo e instrucción acerca de la importancia de la adoración verdadera. Incluso, Su muerte fue una lección del significado y la trascendencia de la adoración.

El Salmo 22 es una hermosa mirada profética de la crucifixión de Cristo, empezando con la conocida declaración que el Señor pronunció en la cruz: *Dios mío, Dios mío, ¿por qué me has abandonado?* El salmo presenta varias profecías que se cumplieron en la muerte de nuestro Señor:

> *Contra mí abren sus fauces leones que rugen y desgarran a su presa. Como agua he sido derramado; dislocados están todos mis huesos. Mi corazón se ha vuelto como cera, y se derrite en mis entrañas. Se ha secado mi vigor como una teja; la lengua se me pega al paladar. ¡Me has hundido en el polvo de la muerte! Como perros de presa, me han rodeado; me ha cercado una banda de malvados; me han traspasado las manos y los pies. Puedo contar todos mis huesos; con satisfacción perversa la gente se detiene a mirarme. Se reparten entre ellos mis vestidos y sobre mi ropa echan suertes* (Versículos del 13 al 18).

¿Para qué murió Cristo? ¿Cuál fue el propósito? Vemos un giro en el texto:

> *Proclamaré tu nombre a mis hermanos; en medio de la congregación te alabaré ¡Alaben al SEÑOR los que le temen! ¡Hónrenlo, descendientes de Jacob! ¡Venérenlo, descendientes de Israel!* (Versículos 22 y 23).

¿Cuál es la respuesta correcta frente a la muerte de Cristo por nuestro beneficio? Es alabanza, gloria y asombro santo. El salmista continúa:

Tú inspiras mi alabanza en la gran asamblea; ante los que te temen cumpliré mis promesas. Comerán los pobres y se saciarán; alabarán al Señor quienes lo buscan; ¡que su corazón viva para siempre! Se acordarán del Señor y se volverán a él todos los confines de la tierra; ante él se postrarán todas las familias de las naciones, porque del Señor es el reino; él gobierna sobre las naciones (Versículos del 25 al 28).

Adoración, entonces, es lo esencial. La respuesta apropiada, la única respuesta correcta frente a la muerte salvadora de Cristo, es la sincera expresión de adoración verdadera.

La Respuesta al Mesías

Una mirada al final de la profecía de Isaías en el capítulo 66, acerca de la forma en que ve el grandioso fruto del trabajo del Mesías, revela la misma perspectiva. El versículo 22 dice: *Porque así como perdurarán en mi presencia el cielo nuevo y la tierra nueva que yo haré, así también perdurarán el nombre y los descendientes de ustedes afirma el Señor.* Es una promesa de redención.

En el versículo siguiente, mientras miraba al cielo nuevo y a la tierra nueva, Isaías escribía: *Sucederá que de una luna nueva a otra, y de un sábado a otro, toda la humanidad vendrá a postrarse ante mí dice el Señor.* Este es el objetivo y la consumación del trabajo del Mesías: ¡Adoración!

Cambie su forma de pensar sobre el Nuevo Testamento.

ADORAR, *La máxima prioridad*

El Mesías llegó y la abrumadora respuesta que le dieron fue adoración. Mateo lo expuso de la forma más maravillosa.

La reacción de los hombres sabios como primera respuesta frente a Cristo, fue adoración. *Cuando llegaron a la casa, vieron al niño con María, su madre; y postrándose lo adoraron* (Mateo 2:11). En Mateo 8:2, encontramos un episodio conmovedor: *Un hombre que tenía lepra se le acercó y* **se arrodilló delante de él**. *Señor, si quieres, puedes limpiarme le dijo* (énfasis del autor). Aquellos a quienes ministraba, lo adoraban. El enfermo, el ciego y el cojo respondieron ante Él con alabanza y adoración.

En Mateo 9:18, Jesús estaba hablando de la realidad maravillosa del Nuevo Pacto: *Mientras él les decía estas cosas, vino un hombre principal y* **se postró ante él**, *diciendo: Mi hija acaba de morir; mas ven y pon tu mano sobre ella, y vivirá* (RV60, énfasis del autor).

En el capítulo 14 versículo 33, encontramos a Jesús con sus discípulos. Él había caminado sobre el agua, calmando sus corazones, el viento se había aplacado, *Y los que estaban en la barca lo adoraron diciendo: Verdaderamente tú eres el Hijo de Dios.*

Mateo 15:25 habla sobre una mujer de Canaán que *arrodillándose delante de él, le suplicó: ¡Señor, ayúdame!* (RV60)

En Sus últimos días aquí en la tierra, nuestro Señor fue a una montaña con Sus discípulos. En uno de los versículos finales de su evangelio, Mateo escribe: *Cuando lo vieron, lo adoraron* (28:17).

Salvos para adorar

Por supuesto, no todos los episodios muestran adoración pura y aceptable, pero ese breve recorrido a partir de Mateo es una muestra representativa de la reacción normal frente a Cristo. Fuera aceptable o no, las personas respondian con adoración.

El evangelio de Juan también invita a la adoración a lo largo de sus capítulos. Juan 2 habla de la entrada de Jesús a Jerusalén. Llegó primero al templo, dio azotes y lo purificó. ¿Por qué hizo eso? Porque Dios envió a Jesucristo al mundo a llevar verdaderos adoradores ante Su presencia, y para lograr esto una de sus primeras acciones fue expulsar a los falsos adoradores.

En el capítulo 3 del evangelio de Juan, conocemos al primero de los verdaderos adoradores: Nicodemo. En el capítulo 4, Jesús le dice a la mujer en el pozo que el Padre busca verdaderos adoradores.

Adoración sin Fin

Podría rastrear este tema a través de todo el Nuevo Testamento desde Mateo hasta de Apocalipsis, donde encontramos un cuadro de eterna adoración universal a Dios. En la visión del final de los tiempos, descrita a lo largo del libro, Juan se enfoca repetidamente en actos de adoración; podemos inferir que estos dejaron una profunda impresión en el apóstol.

En Apocalipsis 5 en los versículos 13 y 14 escribió:

Y oí a cuanta criatura hay en el cielo, y en la tierra, y debajo de la tierra y en el mar, a todos en la crea-

ción, que cantaban: "¡Al que está sentado en el trono y al Cordero, sean la alabanza y la honra, la gloria y el poder, por los siglos de los siglos!" Los cuatro seres vivientes exclamaron: "¡Amén!", y los ancianos se postraron y adoraron.

También escribió en el capítulo 11 versículos 15 al 17:

Tocó el séptimo ángel su trompeta, y en el cielo resonaron fuertes voces que decían: "El reino del mundo ha pasado a ser de nuestro SEÑOR y de su Cristo, y él reinará por los siglos de los siglos". Los veinticuatro ancianos que estaban sentados en sus tronos delante de Dios se postraron rostro en tierra y adoraron a Dios diciendo: "SEÑOR, Dios Todopoderoso, que eres y que eras, te damos gracias porque has asumido tu gran poder y has comenzado a reinar".

Y en el 14, versículos 6 y 7:

Luego vi a otro ángel que volaba en medio del cielo, y que llevaba el evangelio eterno para anunciarlo a los que viven en la tierra, a toda nación, raza, lengua y pueblo. Gritaba a gran voz: "Teman a Dios y denle gloria, porque ha llegado la hora de su juicio. Adoren al que hizo el cielo, la tierra, el mar y los manantiales".

Observe que el mensaje del ángel se llama *el evangelio eterno*. ¿Cuál es el mensaje eterno? *Teme a Dios y dale gloria… y adora a quien hizo los cielos y la tierra.*

Juan también registra las palabras de la multitud que sale victoriosa tras la confrontación con la bestia:

> *¿Quién no te temerá, oh SEÑOR? ¿Quién no glorificará tu nombre? Sólo tú eres santo. Todas las naciones vendrán y te adorarán, porque han salido a la luz las obras de tu justicia* (15:4).

Y la conducta de los ancianos y las criaturas vivientes:

> *Entonces los veinticuatro ancianos y los cuatro seres vivientes se postraron y adoraron a Dios, que estaba sentado en el trono, y dijeron: "¡Amén, Aleluya!"* (19:4).

Después, Juan narra un episodio personal:

> *Me postré a sus pies para adorarlo. Pero él me dijo: "¡No, cuidado! Soy un siervo como tú y como tus hermanos que se mantienen fieles al testimonio de Jesús. ¡Adora sólo a Dios! El testimonio de Jesús es el espíritu que inspira la profecía"* (19:10).

Después, en esta visión, Juan de nuevo estaba tan asombrado que se postró a adorar al ángel, y obtuvo la misma respuesta. El ángel dijo: *¡No, cuidado! Soy un siervo como tú y como tus hermanos que se mantienen fieles al testimonio de Jesús. ¡Adora sólo a Dios!*

Adora a Dios. Este es el evangelio eterno, el mensaje que Dios ha dado desde la eternidad hasta la eternidad. Es el tema de la Escritura, el tema desde el principio hasta el fin, el tema de la historia redentora —adorar al Dios verdadero, viviente y glorioso—. Antes de la creación, después de la creación, en la eternidad pasada, en la eternidad futura y a lo largo de todo el tiempo, la adoración es el asunto central de toda la creación.

¿Quién Puede Entrar a su Monte Santo?

El Salmo 24:3-6 nos da una imagen que es, tal vez, la más preciosa del Antiguo Testamento sobre un adorador aceptable:

> *¿Quién puede subir al monte del* Señor*? ¿Quién puede estar en su lugar santo? Sólo el de manos limpias y corazón puro, el que no adora ídolos vanos ni jura por dioses falsos. Quien es así recibe bendiciones del* Señor*; Dios su Salvador le hará justicia. Tal es la generación de los que a ti acuden, de los que buscan tu rostro, oh Dios de Jacob.*

¿Quién tiene derecho a estar en la presencia de Dios? ¿Quién tiene derecho a acercarse? Aquellos que lo buscan con manos limpias y corazón puro. Esto quiere decir, quienes adoran a Dios de la forma adecuada. ¿Quiénes son los que adoran a Dios correctamente? Aquellos que reciben la justicia de Dios, o aquellos que son redimidos. Estas dos características son inseparables. Una persona no se convierte en un verdadero adorador sin la redención, pero quien es genuinamente redimido, se convierte en un verdadero adorador. Este es, quien está harto de la religión superficial y los dioses falsos y adora al Dios vivo y verdadero.

Entonces, la forma en la que usted adora revela su destino y así manifiesta si la vida de Dios está dentro de usted, demostrando si usted es aceptable ante Dios. Los que son aceptados tienen manos limpias. Es decir, viven en obediencia a Dios, han sido purificados y limpiados. Tienen corazones puros: sus motivaciones y deseos son correctos. Son bendecidos porque son una generación que verdaderamente busca a Dios (Salmos 24:6).

A menudo fallaremos y, en ocasiones, nuestra adoración será menos de lo que debería ser; pero buscaremos la gloria de Dios como quienes están comprometidos y se recrean adorando a Dios. Ningún creyente está satisfecho al ofrecer adoración que esté por debajo de lo que Él quiere.

Por otro lado, quienes se rehúsan a adorar a Dios de la forma adecuada, sufren una eterna separación de Su presencia. En Romanos 1, cuando Dios acusa a los paganos del mundo por su incredulidad, la razón fundamental de su condenación es que no adoraron correctamente a Dios. Lea lo que Pablo escribió en los versículos 18 al 21:

La ira de Dios se revela desde el cielo contra toda impiedad e injusticia de los hombres que detienen con injusticia la verdad, porque lo que de Dios se conoce les es manifiesto, pues Dios se lo manifestó: Lo invisible de él, su eterno poder y su deidad, se hace claramente visible desde la creación del mundo y se puede discernir por medio de las cosas hechas. Por lo tanto, no tienen excusa, ya que, habiendo conocido a Dios, **no lo glorificaron como a Dios, ni le dieron gracias.** *Al contrario, se envanecieron en sus razonamientos y su necio corazón fue entenebrecido* (énfasis del autor).

Allí, en una declaración tan sencilla, se resume la actitud de Dios respecto al hombre pecador. La condenación del hombre, dice Pablo, se origina en su resistencia a honrar a Dios como Dios. Si la adoración es la prioridad, la no adoración es la afrenta más grave a Dios. Y rehusarse a adorarlo de la forma adecuada es la raíz del problema de la perdición humana.

De Paganos a Adoradores

La adoración inaceptable ha tenido consecuencias eternamente desastrosas, porque Dios no puede aceptar a alguien cuando su adoración es inapropiada. En cambio, los verdaderos adoradores experimentan la bendición eterna de Dios —y es que con ese fin Dios nos salva—. Entonces, la redención puede verse como la transformación del adorador falso en uno verdadero. Si usted ha sido verdaderamente salvo, es un verdadero adorador. Si es un verdadero adorador, tiene comunión con Dios. Asimismo, en la medida en que revisa su adoración, puede comprender si es salvo o no. La adoración se convierte en una prueba de la autenticidad de la salvación.

Salvos para adorar

En Juan 4, Jesús usa el término *verdaderos adoradores* para describir a todos los creyentes. El *verdadero adorador* es equivalente al cristiano, creyente, santo, hijo de Dios o cualquier otro término que describa nuestra unión con Cristo. Es quizás una descripción más adecuada porque expresa el resultado de la salvación en una terminología más activa y menos estática.

Quienes adoramos al Padre en espíritu y en verdad, somos verdaderos adoradores. Como creyentes, no siempre adoramos de la forma tan completa y coherente como debiéramos; sin embargo, somos verdaderos adoradores. De hecho, la adoración aceptable es la principal característica que nos distingue.

Leer los versículos 23 al 25 de 1ª Corintios 14 ayudará a profundizar nuestro pensamiento sobre este punto. Pablo les escribió a los creyentes en Corinto acerca de la importancia de tener orden en sus servicios. Habló en contra de los excesos de la reunión corintia, particularmente respecto a las lenguas y los dones espirituales. Los reprendió por el caos y la confusión que se estaban presentando en su reunión:

> *Así que, si toda la iglesia se reúne y todos hablan en lenguas, y entran algunos que no entienden o no creen, ¿no dirán que ustedes están locos? Pero si uno que no cree o uno que no entiende entra cuando todos están profetizando, se sentirá reprendido y juzgado por todos, y los secretos de su corazón quedarán al descubierto. Así que se postrará ante Dios y*

lo adorará, exclamando: "¡Realmente Dios está entre ustedes!"

En otras palabras, si realmente desea abrir en dos el corazón de otra persona, si realmente quiere que crea y desee experimentar la presencia de Dios y Su poder transformador, lo mejor que puede hacer es no hablar en lenguas. Más bien, háblele de forma que entienda; háblele de aquello que puede declararlo culpable y condenarlo, y de lo que puede revelarle el estado de su corazón. Cuando la persona sea alcanzada, su respuesta será adorar: *Así que se postrará ante Dios y lo adorará…* La salvación produce adoradores.

La Marca del Creyente

Filipenses 3:3 presenta la que puede ser la mejor definición en toda la Biblia de lo que es un cristiano: *Porque la circuncisión somos nosotros,* **los que por medio del Espíritu de Dios adoramos, nos enorgullecemos en Cristo Jesús y no ponemos nuestra confianza en esfuerzos humanos** (énfasis del autor).

¿Qué quiere dar a entender Pablo? Está presentando un contraste entre el cristiano y el judío, quien enseñaba que la marca del creyente era física: la circuncisión. Pablo dice, en cambio, que tenemos una marca espiritual. Un judío se identifica por la circuncisión física, pero si usted quiere identificarse como cristiano, ¿qué va a usar? Aquí está nuestra marca, aquí está la forma en la que nos distinguimos: *Porque nosotros somos la circuncisión, los que en espíritu servimos a Dios y nos gloriamos en Cristo Jesús, no teniendo confianza en la carne* (RV60).

A pesar de lo que se ha escrito, la marca verdadera del cristiano no es sólo el amor. La marca del cristiano es la verdadera adoración a Dios en espíritu. Todas las virtudes afloran a partir de esto.

¿Y Usted Qué?

Un cristiano es un adorador de Dios que no está preocupado por lo que obtiene sino por lo que da. No sólo está buscando una bendición, sino que se ofrece a Dios como sacrificio; el sacrificio de compartir, obras justamente, es la base de la adoración, la llave que abre la puerta y hace que sea posible la adoración. La salvación es la que transforma a un adorador inaceptable en uno aceptable.

Si usted ha sido redimido y no está adorando de una forma aceptable, está negando aquello por lo que fue redimido. Piense en lo siguiente: ¿Adora a Dios? ¿Es un estilo de vida para usted? La Escritura dice: el destino nos llama a adorar, la eternidad nos llama a adorar, los ángeles nos llaman a adorar. Nuestro Señor lo ordena. ¿Es un verdadero adorador? Como verdadero adorador, ¿su adoración es lo que debiera ser?

4
Capítulo

DIOS, ¿EXISTE? ¿QUIÉN ES?

La adoración aceptable demanda que Dios sea conocido. La adoración no puede surgir en un corazón que no cree, honra y obedece al Dios verdadero. El objeto de nuestra adoración debe ser correcto si nuestra adoración ha de ser aceptable. Debemos tener en cuenta la clase de Dios al que adoramos.

La experiencia de Pablo con los filósofos religiosos en el Areópago, narrada en Hechos 17, lo llevó a la clásica confrontación en un caso de adoración inaceptable. Los griegos tenían un ídolo para «el dios no conocido». Pablo usó ese ídolo como punto de partida para predicarles acerca de la adoración al Dios verdadero. Pablo les dijo básicamente: «Están adorando con ignorancia. Permítanme hablarles acerca de este Dios desconocido. Él puede ser conocido. No está mal preguntar quién es o cómo adorarlo».

Dios se ha revelado tan claramente a nosotros en Su palabra, mediante Su Hijo, que el hombre no tiene excusa si persiste en la incredulidad. Entonces, la fe, y más específicamente la fe en Dios de la forma en que se ha revelado a nosotros, es el requisito fundamental para la verdadera adoración. Hebreos 11:6 dice:

> *Pero sin fe es imposible agradar a Dios, porque es necesario que el que se acerca a Dios crea que él existe y que recompensa a los que lo buscan.*

Este versículo declara dos hechos sobre Dios: que existe y que es posible conocer algo de Su naturaleza, lo cual sugiere que el verdadero adorador debe tener estas dos verdades presentes en su mente.

El historiador Will Durant dijo: «La pregunta más grande de nuestro tiempo no es acerca del comunismo versus el individualismo, ni de Europa versus América, ni siquiera es de Occidente versus Oriente. Es si el hombre puede asumir su vida sin Dios». Estoy de acuerdo. La cuestión clave para todo el mundo es la real necesidad de Dios.

¿El Hombre Creó a Dios?

Los escépticos dicen, simplemente, que los cristianos inventamos a Dios. La religión, dicen ellos, ha ideado explicaciones sobrenaturales acerca de lo que los hombres no entienden y ciertamente no hay una realidad sobrenatural, sino que Dios es una creación humana.

Por ejemplo, Sigmund Freud dijo que el hombre inventó a Dios. Esto, por supuesto, es opuesto a lo que dice la Biblia: Dios creó al hombre. Freud dice en su libro *El futuro de una ilusión*, que debido a la urgente necesidad del hombre por tener seguridad, a los miedos tan enraizados que tiene y a que vive en un mundo amenazador en el que se tiene tan poco control sobre las circunstancias, el hombre inventó a Dios para satisfacer sus necesidades psicológicas. El hombre tiene la necesidad de tener un medio de apoyo invisible. Sin embargo, para ellos Dios sólo existe en la imaginación del hombre.

Esta idea fue engendrada en una mente corrupta. Es completamente insostenible, y aún hay un gran número de personas que la creen. Esto demuestra una visión simplista e ignorante sobre las religiones del mundo. Cuando el hombre se inventa un dios, muy rara vez es un dios salvador y libertador. Los dioses inventados por el hombre no le ofrecen apoyo psicológico, sino que son dioses opresores que deben ser aplacados continuamente. En India, cuando una mujer lanza su bebé al Río Ganges con la esperanza de apaciguar a algún dios, no ve a ese dios como a alguien que la va a librar de sus problemas. Su dios es un ogro aterrador. Los dioses falsos son inventos del hombre, y por lo tanto no son como el Dios verdadero y, de ninguna manera, estos niegan la realidad del Dios verdadero.

El hombre no hizo a Dios. De hecho, si fuera por el hombre, el Dios de la Biblia no existiría. El hombre que no ha sido regenerado es el aspirante a asesino de Dios. Hace su mejor intento por eliminar a Dios, inventa dioses falsos, postula ideologías para afirmar que Dios está muerto, plantea filosofías y estilos de vida que reafirman que es absurda cualquier idea sobre un Dios.

La mayoría de las personas niegan la existencia de Dios de alguna forma. Muchos de los filósofos que son ateos, son denominados como ateos pragmáticos: aunque no rechazan el concepto de Dios, viven como si no existiera. Tito 1:16 describe a tales personas: *Profesan conocer a Dios, pero con sus acciones lo niegan; son abominables, desobedientes e incapaces de hacer nada bueno.*

Esta ha sido la regla desde Adán y Eva. Inmediatamente después de pecar se escondieron de Dios. Trataron de actuar como si Él no existiera. La humanidad ha seguido este patrón a lo largo de la historia. Romanos 1 nos dice que los hombres saben en su corazón que Dios existe. El versículo 19 dice: *lo que se puede conocer acerca de Dios es evidente para ellos, pues él mismo se lo ha revelado;* el versículo 20 dice: *Porque desde la creación del mundo las cualidades invisibles de Dios, es decir, su eterno poder y su naturaleza divina, se perciben claramente a través de lo que él creó, de modo que nadie tiene excusa;* el versículo 21 dice: *A pesar de haber conocido a Dios,* y el versículo 28 dice: *Además, como estimaron que no valía la pena tomar en cuenta el conocimiento de Dios.*

Freud estaba equivocado. El hombre no ha inventado a Dios. El hombre no desea incluir a Dios en su existencia. El hombre no regenerado desea que Dios salga de su vida. Si encontrara la forma de lograrlo… lo haría.

¿Cómo Podemos Estar Seguros de DIOS?

La Biblia presenta, en lugar de probar, la existencia de Dios. La Escritura habla sobre Dios en el Salmo 90:2:

Desde antes que nacieran los montes y que crearas la tierra y el mundo, desde los tiempos antiguos y hasta los tiempos postreros, tú eres Dios. Esta es la clásica afirmación doctrinal sobre Dios. Nos dice que es el único Dios: *Tú eres Dios;* nos dice que es el Dios eterno: *desde los tiempos antiguos y hasta los tiempos postreros, tú eres Dios*; nos dice que es el Dios creador: *creaste la tierra y el mundo.*

Como cristianos aceptamos una verdad fundamental: Dios existe y, entonces, todo lo demás adquiere sentido. Un ateo niega a Dios y tiene que aceptar explicaciones increíbles para todo lo demás. Se requiere más fe para negar a Dios que para creer en Él.

Los teólogos dan varios argumentos sobre la existencia de Dios. La lógica no puede probar Su existencia, pero nos muestra claramente que hay más razones para creer en Dios que para no hacerlo.

Una razón lógica para aceptar la existencia de Dios es el *argumento teológico*. Proviene de la palabra griega *teleos*, que significa «resultado perfecto», «final», o «terminar». Algo que está completo y terminado muestra la evidencia de un hacedor. Un diseño implica un diseñador. Desbarate su reloj y meta todas las piezas en su bolsillo. Aunque mueva su pierna durante algún tiempo, no sentirá el tic tac del reloj. Cuando algo funciona, es porque alguien lo hizo funcionar. Si ve un piano, usted no asume que un elefante chocó contra un árbol donde alguien estaba sentado bajo una rama tocando el arpa, y todo el marfil, madera y cuerdas cayeron juntas y se convirtieron en un piano. El argumento teológico dice que el orden en el universo es evidencia de que una inteligencia suprema – Dios– lo creó.

Un segundo argumento sobre la existencia de Dios es el *argumento estético,* el cual dice que la existencia de la belleza y la verdad hacen pensar que, en algún lugar del universo, tiene que haber un criterio sobre el cual se basen.

El *argumento volitivo* dice que como el hombre tiene que tomar un gran número de decisiones y tiene la capacidad de tomarlas de forma deliberada, debe haber una voluntad infinita en algún lugar, y el mundo es la expresión de tal voluntad.

El *argumento moral* dice que el hecho de que sepamos qué está bien y qué está mal, sugiere la necesidad de un criterio absoluto. Si algo está bien o mal, en algún lugar hay Alguien que determina qué es qué.

El *argumento cosmológico* es el de causa y efecto, el cual concluye que alguien hizo el universo porque cada efecto debe ser fácil de encontrar por una causa. La causa de la infinidad debe ser infinita, la causa de la eternidad debe ser eterna, la causa del poder debe ser omnipotente, la causa del espacio ilimitado debe ser omnipresente, la causa del conocimiento debe ser omnisciente, la causa de la personalidad debe ser personal, la causa del sentimiento debe ser emocional, la causa de la voluntad debe ser volitiva. La causa de los valores éticos debe ser moral, la causa de los valores espirituales debe ser espiritual, la causa de la belleza debe ser estética, la causa de la justicia debe ser santa, la causa de la justicia debe ser justa, la causa del amor debe ser amorosa, la causa de la vida debe ser viviente.

El Salmo 14:1 y el 53:1 dicen: *Dice el necio en su corazón: "No hay Dios"*. Sólo un tonto podría rechazar la evidencia.

Pero no es suficiente simplemente con reconocer la existencia de un ser supremo. Einstein reconoció una fuerza cósmica en el universo, pero pensó que Dios no se podía conocer. Pensó en Dios como una batería cósmica flotante, una fuente de corriente eléctrica de alta potencia que se liberó un día y por eso, resultó el universo. Una conocida organización de autoayuda le dice a sus miembros: «Tienen que tener una relación con Dios de la forma en que ustedes lo perciban». Esto es una locura. La forma en que perciba a Dios aparte de la revelación de Él en la Escritura no tiene nada que ver con quien es Él realmente.

Dios es una Persona

Dios no es sólo una fuerza cósmica. Nuestros atributos de emoción, intelecto y voluntad no surgieron porque sí. Dios nos hizo a Su imagen. Él se ha revelado en la Biblia como una persona y allí se usan títulos personales para describirlo: se le llama Padre, es presentado como un pastor, se le llama hermano, amigo y consejero. La Escritura usa pronombres personales para referirse a Él.

Sabemos que Dios es una persona porque piensa, actúa, siente, habla y se comunica. Toda la evidencia que se halla en la creación y en las Escrituras indica que Él es una persona.

Dios es un Ser Espiritual

Dios es un espíritu. No existe en un cuerpo que pueda tocarse y verse, como nuestros cuerpos. Jesús dijo que es fundamental comprender esto para ofrecer una adoración aceptable: *Dios es espíritu, y quienes lo adoran deben hacerlo en espíritu y en verdad* (Juan 4:24).

Dios no puede reducirse ni a una imagen física, ni a un resumen teológico. Es un espíritu personal y debe ser adorado en la plenitud de la eternidad de Su perpetua existencia. Isaías 40:18–26 explica el concepto:

> *¿Con quién compararán a Dios? ¿Con qué imagen lo representarán? Al ídolo un escultor lo funde; un joyero lo enchapa en oro y le labra cadenas de plata. El que es muy pobre para ofrendar escoge madera que no se pudra, y busca un hábil artesano para erigir un ídolo que no se caiga. ¿Acaso no lo sabían ustedes? ¿No se habían enterado? ¿No se les dijo desde el principio? ¿No lo entendieron desde la fundación del mundo? Él reina sobre la bóveda de la tierra, cuyos habitantes son como langostas. Él extiende los cielos como un toldo, y los despliega como carpa para ser habitada. Él anula a los poderosos, y a nada reduce a los gobernantes de este mundo. Escasamente han sido*

plantados, apenas han sido sembrados, apenas echan raíces en la tierra, cuando él sopla sobre ellos y se marchitan; ¡y el huracán los arrasa como paja! "¿Con quién, entonces, me compararán ustedes? ¿Quién es igual a mí?", dice el Santo. Alcen los ojos y miren a los cielos: ¿Quién ha creado todo esto? El que ordena la multitud de estrellas una por una, y llama a cada una por su nombre. ¡Es tan grande su poder, y tan poderosa su fuerza, que no falta ninguna de ellas!

En otras palabras, si trata de reducir a Dios a algo distinto a un espíritu, algo que pueda verse o tocarse, ¿qué va a hacer para representarlo? ¿Puede hacer un dibujo de Él? ¿Puede tallar una imagen de Él? ¿Puede fundir plata y hacer una estatua de Él? ¿Qué va a hacer para que se parezca a Él? ¿Con qué lo va a comparar? ¿Cómo puede representar adecuadamente a Dios por medio de un ídolo o una imagen? No puede. Es el Dios del universo, así que no puede ser tallado en una pequeña pieza de madera.

Debemos tener cuidado de no pensar en Dios en términos humanos. Números 23:19 dice: *Dios no es un simple mortal para mentir y cambiar de parecer. ¿Acaso no cumple lo que promete ni lleva a cabo lo que dice?* Cuando la Biblia habla de los ojos de Dios, o de su brazo y de otras figuras, está usando lo que llamamos antropomorfismos. Esta es una palabra que proviene de dos palabras griegas *anthropos*, que significa «hombre» y *morphae*, «cuerpo». Un antropomorfismo habla de Dios en términos humanos para permitirnos comprender mejor el concepto. La Biblia usa tales descripciones visuales para adaptarse a nuestro limitado entendimiento, y debemos tener cuidado de no empeñarnos en interpretarlas de forma muy literal. Dios no es como un hombre. La Biblia habla de las alas de Dios que cubren a sus hijos, pero no quiere decir que Dios sea un pájaro.

1ª Timoteo 1:17 habla de Él como el Dios invisible. Juan 1:18 dice: *A Dios nadie lo ha visto nunca*, nunca ningún hombre verá a Dios. Dios se dio a conocer a los israelitas en el Antiguo Testamento mediante una columna de luz y una columna de fuego, y por medio de la gloria *Shekinah* en el templo. En algunas ocasiones, Dios se manifestó de formas especiales, como una zarza ardiente y mediante visiones. Pero estas apariciones no revelan la esencia verdadera de Dios. Él es espíritu.

Dios es Único

Deuteronomio 6:4 fue la clave de la revelación de Dios mismo en el Antiguo Testamento: *Escucha, Israel: El Señor nuestro Dios es el único Señor*. La verdad de que hay sólo un Dios era fundamental para la identidad de los hebreos y era el rasgo distintivo de la nación israelita, quien vivía en medio de una sociedad politeísta. Ellos decían: «Hay un solo Dios». Aunque los israelitas habían vivido entre los egipcios, cuyos múltiples dioses eran llevados a extremos absurdos, se habían aferrado a su fe en Jehová como el verdadero Dios, quien se reveló a ellos como el único Dios. Cualquier israelita que se atreviera a adorar a otro dios era ejecutado.

Jesús afirmó la importancia del monoteísmo. En Marcos 12, un escriba le preguntó cuál era el mandamiento más importante. Él dijo: *El primero de todos los mandamiento es:* Oye, Israel: El Señor Nuestro Dios, El Señor Uno Es. *Y* Amarás Al Señor Tu Dios Con Todo Tu Corazón, Con Toda Tu Alma, Con Toda Tu Mente Y Con Todas Tus Fuerzas (Versículos 29 y 30). Sin negar Su propia deidad, y al mismo tiempo reconociendo que hay un solo Dios, Jesús enseñó que el mandamiento más importante es ofrecer lealtad total con todo el corazón, alma, mente y fuerza al único Dios verdadero.

El Padre y el Hijo Son Uno

En Juan 10:30, Jesús dijo: *El Padre y yo somos uno.* Esta es una declaración de igualdad con Dios y al mismo tiempo, es una reafirmación de que hay un solo Dios.

Pablo hizo énfasis en la unidad y la igualdad del Padre y el Hijo en su primera epístola a los corintios, quienes estaban viviendo en medio de una sociedad pagana. Los ídolos estaban en todas partes de la ciudad y quienes los adoraban, les llevaban ofrendas de comida. Los sacerdotes de los templos de los ídolos manejaban los mercados de comida y vendían la comida que quedaba de lo que se había ofrecido a los ídolos. Algunos creyentes la compraban, tal vez porque la conseguían a mejor precio que la comida de los mercados convencionales.

Otros cristianos estaban preocupados por quienes comían los alimentos que habían sido ofrecidos a los ídolos. Podían aceptar una invitación a cenar y después, rehusarse a comer si averiguaban que la comida provenía de las ofrendas a los ídolos. Esto estaba causando serios problemas en la comunidad y por eso Pablo escribió 1ª Corintios 8 para decirles cómo resolver el problema. El versículo 4 resume su enseñanza: *De modo que, en cuanto a comer lo sacrificado a los ídolos, sabemos que un ídolo no es absolutamente nada, y que hay un solo Dios.* Un ídolo no es nada.

Si la comida ofrecida a los ídolos es la mejor oferta del pueblo, tómela, cómala. Esto no va a marcar una diferencia significativa espiritualmente. Un ídolo no es nada, y no hay más que un Dios.

Pablo continúa:

> *Pues aunque haya los así llamados dioses, ya sea en el cielo o en la tierra (y por cierto que hay muchos «dioses» y muchos «señores»), para nosotros no hay más que un solo Dios, el Padre, de quien todo procede y para el cual vivimos; y no hay más que un solo* Señor, *es decir, Jesucristo, por quien todo existe y por medio del cual vivimos»* (Versículos 5 y 6).

¿Cómo es que todas las cosas son por Dios, el Padre, y todas las cosas son por el Señor Jesús, y nosotros existimos mediante Dios y mediante el Señor Jesús? A primera vista, parecería una contradicción. Pero Pablo nos enseña claramente que Dios el Padre y el Señor Jesucristo son uno. Es otra afirmación de la absoluta deidad de Jesucristo sin dividirlo por partes.

El Padre y el Espíritu son Uno

El Espíritu Santo también se llama Dios. Pedro le dijo a Ananías: *¿cómo es posible que Satanás haya llenado tu corazón para que le mintieras al Espíritu Santo y te quedaras con parte del dinero que recibiste por el terreno?* (Hechos 5:3). Después, en el versículo siguiente, le explica con más detalle: *¡No has mentido a los hombres sino a Dios!* Si mentirle al Espíritu Santo implica mentirle a Dios, quiere decir que el Espíritu Santo es, de hecho, Dios.

1ª Corintios 3:16 dice: *¿No saben que ustedes son templo de Dios (…)?* Y como prueba, agrega: *¿(…) el Espíritu de Dios habita en ustedes?»*. En el capítulo 6, el argumento va más allá. El versículo 19 dice: *porque el templo de Dios, el cual sois vosotros, santo es* y 1ª Corintios 6:20 agrega la exhortación: *glorificad, pues, a Dios en vuestro cuerpo*. Esto identifica al Espíritu Santo con Dios a lo largo de docenas de otros versículos; es más, la enseñanza completa del Nuevo Testamento subraya esta verdad: El Espíritu Santo es Dios.

Dios es una Trinidad

¿Cómo podemos conciliar el hecho de que la Escritura enseña que el Padre es Dios, Jesús es Dios y el Espíritu Santo es Dios, y que hay un solo Dios? Todas estas verdades se enseñan claramente en la Escritura en repetidas ocasiones.

La forma más sencilla de concebir la Trinidad es leer la Biblia de principio a fin. La palabra para Dios en Génesis

1 es *Elohim*, la cual está en plural. La terminación «*im*» de un sustantivo en hebreo es como la «*es*» en español. Las palabras iniciales de Génesis podrían traducirse como «el en principio, los Dioses creó...». El sustantivo está en plural, pero es un concepto en singular. El verbo que le sigue está en singular.

La bendición que Dios le dio a Moisés para que usaran los sacerdotes hace alusión a la Trinidad. Debían invocar tres veces el nombre del Señor. Números 6:24–26 (RV60) lo registra así: *Jehová te bendiga y te guarde. Jehová haga resplandecer su rostro sobre ti y tenga de ti misericordia; Jehová alce sobre ti su rostro y ponga en ti paz.* Las tres menciones al Señor sugieren la Trinidad.

Los serafines que Isaías vio y describió en Isaías 6 gritaban entre sí: *Santo, Santo, Santo* (Versículo 3). De nuevo, parecen hacer alusión a la naturaleza trina de Dios.

La referencia más clara respecto a la Trinidad en el Antiguo Testamento es Isaías 48:16 (RV60), un versículo profético citado posteriormente por Jesucristo. Presenta a los tres miembros de la deidad juntos en un versículo: *Y ahora me envió Jehová el Señor, su espíritu.*

En repetidas ocasiones, el Nuevo Testamento se refiere en un mismo pasaje y en un mismo nivel al Padre, al Hijo y al Espíritu Santo. En Mateo 3:17 se nos dice que mientras Jesús era bautizado, el Espíritu Santo descendió como una paloma y el Padre dijo: *Éste es mi Hijo amado; estoy muy complacido con él.* En Juan 14:16–17, Jesús dice: *Y yo le pediré al Padre, y él les dará otro Consolador para que los acompañe siempre: el Espíritu de verdad.* Jesús les dijo a los discípulos que bautizaran *en el nombre del Padre, del Hijo y del Espíritu Santo* (Mateo 28:19). En 1ª Corintios 12:4-6 el apóstol Pablo dice: *Ahora bien, hay diversos dones, pero un mismo Espíritu. Hay diversas maneras de servir, pero un mismo Señor. Hay diversas funciones, pero es un mismo Dios el que hace todas las cosas en todos.* El versículo final de 2ª Corintios dice: *Que la gracia del Señor Jesucristo, el amor de Dios y la comunión del Espíritu Santo sean con todos ustedes* (13:14). 1ª Pedro 1:2 dice que los creyentes son escogidos *según la previsión de Dios el Padre, mediante la obra santificadora del Espíritu, para obedecer a Jesucristo y ser redimidos por su sangre: Que abunden en ustedes la gracia y la paz.*

Dios es uno, pero es tres. No tengo la menor idea de cómo resolver este misterio divino, pero mi incapacidad de comprensión no disminuye mi fe en Dios o mi convicción de que Él existe como Uno en tres Personas.

No puedo comprender todo lo que Dios ha revelado sobre Sí mismo. Comparar todo lo que puedo escribir sobre Dios con la totalidad de Sus atributos, es equivalente a un grano de arena por cada elemento del universo. Si entendiera a Dios, sería igual a Él; pero Él no tiene iguales.

A lo largo de los siglos, los herejes han tratado de explicar la Trinidad de muchas formas. Sabellius dijo que a veces Dios aparece como el Espíritu Santo, otras veces como el Hijo y otras como el Padre; sólo una persona con tres manifestaciones. Pero la Biblia no apoya esta idea. Dios no es como un artista que cambia rápidamente. Como hemos visto, las tres Personas de la Trinidad se manifestaron en el bautismo de Jesús, en el mismo instante. Dios es uno y al mismo tiempo es tres.

Los predicadores han tratado de explicar la Trinidad por medio de ilustraciones, diciendo que Dios es como un huevo con yema, clara y cáscara; o como el agua, que puede ser hielo, líquido o vapor; o como la luz, que puede iluminar, calentar y producir energía. Pero todas estas ilustraciones se quedan cortas. Dios no es como nada. No hay una bombilla de luz, un huevo, o un trozo de hielo en el mundo que sea como Él.

La Trinidad es una de esas verdades muy maravillosas para la mente humana. Sólo puede frustrar a aquellos que la buscan de forma intelectual. Dios nos ha permitido conocer un pedacito, pero no podemos esperar comprenderlo en Su plenitud. Debemos creer en Él de forma sencilla y confiada.

Dios Existe y Podemos Conocerlo

La adoración verdadera tiene como objetivo al único Dios. Como vimos en el primer capítulo, la adoración, sin importar cuán hermosa, consecuente o bien intencionada sea, es inaceptable si está dirigida a un Dios falso.

No hay necesidad de erigir un altar al «dios desconocido» porque Dios se ha dado a conocer. Se ha revelado a nosotros, específicamente, en Su Palabra. Es una persona y podemos conocerlo de forma personal, es un espíritu y podemos conocerlo en el sentido espiritual más profundo. Es uno, y no hay competencia entre Él y otros dioses. Es una trinidad y trabaja como uno para nuestro bien, y es galardonador de aquellos que se le acercan con fe.

Si nuestra adoración ha de ser significativa, debe ser aceptable. Debemos buscar ver a Dios de la forma en que Él se ha revelado a nosotros. Un conocimiento íntimo de la persona de Dios es, tal vez, la mayor motivación para una adoración verdadera, rebosante y para toda la vida. Cuando empezamos a conocer a Dios como realmente es, nuestra respuesta es enaltecerlo, darle la gloria por quién es y lo que hace por nosotros.

5
Capítulo

EL DIOS INMUTABLE Y OMNIPOTENTE

En Oseas 6:6 el Señor dice: *Lo que pido de ustedes es amor y no sacrificios, conocimiento de Dios y no holocaustos.* Esta declaración eleva el conocimiento de Dios a una posición de suprema importancia. Quiere decir que la verdadera adoración no se basa en lo externo, como los sacrificios, ofrendas quemadas y rituales, sino que más bien se fundamenta en el asunto crucial de conocer y amar al Dios verdadero. Más que pensar en que Él desea algo externo o ritual, podría pensarse en la adoración, como el deseo de Dios porque lo conozcamos. Entonces, el conocimiento del Dios verdadero provee la intimidad para una adoración aceptable.

Proverbios 9:10 dice: *El comienzo de la sabiduría es el temor del Señor; conocer al Santo es tener discernimiento.* Nadie es sabio hasta que conoce a Dios, no hay alguien que tenga el mínimo entendimiento hasta que tenga el conocimiento del Único Santo. Sin el conocimiento de Dios, toda adoración es inaceptable, no hay diferencia alguna con la más grande idolatría.

Cuando pensamos en idolatría, usualmente imaginamos a un ser primitivo en una choza, que se inclina ante un pequeño dios, o imaginamos un templo pagano, hecho con esmero, decorado y con un fuerte olor a incienso. Pero la idolatría va más allá de la idea de crear un dios falso. Básicamente, la idolatría es tener pensamientos falsos acerca de Dios o entretenerse con pensamientos que no son dignos de Él.

En ese sentido, muchos evangélicos son culpables de idolatría. Me espanta lo que algunos cristianos asumen acerca de Dios, Él también está espantado cuando dice en el Salmo 50:21: *Has hecho todo esto, y he guardado silencio; ¿acaso piensas que soy como tú? Pero ahora voy a reprenderte; cara a cara voy a denunciarte.* La cristiandad contemporánea ha rebajado a Dios a su nivel, robándole Su majestad y santidad. Esto es tan idólatra como adorar a una roca.

Justamente, es lo que han hecho muchos, lo han minimizado a su propia semejanza. Sus pensamientos sobre Él provienen de inventos de sus propias mentes que no tiene nada que ver con lo que realmente es. A. W. Tozer escribió:

> La historia de la humanidad probablemente mostrará que ninguna persona ha estado por encima de su religión, y la historia espiritual del hombre demostrará positivamente que no hay religión que haya sido más grandiosa que su idea de Dios. La adoración es pura o común, en la medida en que el adorador se deleite en gran o en poca manera en los pensamientos de Dios.

El Dios inmutable y omnipotente

Por esta razón, la pregunta más solemne antes de la existencia de la iglesia, es Dios mismo, y el hecho más solemne sobre cualquier hombre no es lo que dijo e hizo en determinado momento, sino lo que piensa en lo profundo de su corazón sobre quién es Dios.[2]

Entonces, la verdad fundamental en la adoración es el entendimiento que tiene el adorador sobre Dios.

Pero, ¿podemos entender a Dios? La Biblia dice que sí. Dios prometió: *Me buscarán y me encontrarán, cuando me busquen de todo corazón* (Jeremías 29:13). Salomón escribió en Proverbios 2:3-5:

> ...*si llamas a la inteligencia y pides discernimiento; si la buscas como a la plata, como a un tesoro escondido, entonces comprenderás el temor del SEÑOR y hallarás el conocimiento de Dios.*

La única forma de conocer a Dios y de entender todo lo que se ha revelado acerca de Él, es haciendo que la búsqueda del conocimiento de Dios sea el propósito principal de su vida. Si está enfocado en buscar dinero, si está dedicado a buscar el éxito, si está empeñado en buscar otra cosa con más urgencia que el conocimiento de Dios, usted no está entendiendo la gloria de Dios a profundidad.

---

[2] A. W. Tozer. El conocimiento del Dios Santo (N.Y.: Harper y Roy, 1961) Pág. 9.

La Dificultad Al Conocer A Dios

Pero nadie entiende a Dios perfectamente. Hacemos bien al admitir que Dios es incomprensible: no puede limitarse a ninguna definición humana. Aunque nos ha revelado mucho de Sí mismo, todo lo que sabemos sobre Dios, lo conocemos en los términos más primitivos.

Nos metemos en problemas cuando tratamos de que Dios se parezca demasiado a lo que conocemos. Cuando utilizamos símbolos humanos para describir a Dios, debemos recordar que Él es el supremo, el patrón infinito, no la copia. No existe una metáfora que pueda explicar a Dios del todo. Por ejemplo, entendemos el amor de Dios porque conocemos el amor humano. Sin embargo, cuando el amor de Dios se presenta de forma distinta a nuestro amor, no debemos asumir que el amor de Dios es imperfecto. Esto es hacer del amor humano un patrón absoluto y entonces, juzgamos el amor de Dios con esta medida.

A menudo, es más sencillo pensar a Dios en términos opuestos. Vivimos en un mundo que es tan contrario a Dios, que frecuentemente tenemos que pensar en quien Él es pensando lo que no es, porque Él no es como alguna cosa que podamos comprender. Por ejemplo, cuando decimos que es Santo, queremos decir que no tiene pecado. No podemos concebir la esencia de la santidad absoluta —todo lo que hemos experimentado es pecado—. No podemos comprender la eternidad o la infinidad, pero comprendemos los límites, así que podemos decir que Dios no tiene ninguna limitación.

El Dios inmutable y omnipotente

Otra dificultad al comprender a Dios es que todos los atributos que conocemos de Él no son todos los que existen. Un atributo de Dios es cualquier verdad acerca de Su carácter. Si Dios es infinito, debe haber verdades infinitas sobre Él.

Algunos atributos de Dios son más fáciles de comprender para nosotros que para los ángeles. 1ª Pedro dice que los ángeles quisieran entender las verdades de la salvación, pero no pueden. No pueden percibir la realidad del perdón de la forma en que nosotros lo hacemos porque nunca lo han experimentado. Los ángeles que fallaron fueron malditos. Los ángeles que no lo hicieron, no necesitan perdón. De acuerdo con Efesios 3:10, Dios se presenta a los ángeles al demostrar Su sabiduría. Ellos lo comprenden, tal vez, mejor que nosotros.

Una cosa es cierta: cuando lleguemos al cielo, Dios será mucho más para nosotros de lo que es hoy. Aunque nunca podamos comprender la infinita riqueza de Sus atributos, aumentará nuestro entendimiento y nuestra capacidad de experimentarlo. Pablo escribió: *Ahora vemos de manera indirecta y velada, como en un espejo; pero entonces veremos cara a cara. Ahora conozco de manera imperfecta, pero entonces conoceré tal y como soy conocido* (1ª Corintios 13:12).

Sin embargo, por ahora podemos conocer todo lo que necesitamos saber acerca de Dios mediante la revelación que nos ha dado en Su palabra. En el capítulo anterior descubrimos, en términos generales, quién es Dios. En estos tres próximos capítulos, queremos enfocarnos en quien es Él al mirar algunos de Sus atributos específicos con más detenimiento.

Dios es Inmutable

Primero, la Biblia nos enseña que Dios no es susceptible al cambio. Es inalterable e invariable. El Salmo 102:25–27 dice:

> *En el principio tú afirmaste la tierra, y los cielos son la obra de tus manos. Ellos perecerán, pero tú permaneces. Todos ellos se desgastarán como un vestido. Y como ropa los cambiarás, y los dejarás de lado. Pero tú eres siempre el mismo, y tus años no tienen fin. Los hijos de tus siervos se establecerán, y sus descendientes habitarán en tu presencia.*

En Malaquías 3:6, Dios explica las razones por las que no ha destruido por completo a los hijos desobedientes de Jacob: *Yo, el Señor, no cambio. Por eso ustedes, descendientes de Jacob, no han sido exterminados.* Santiago escribió: *Toda buena dádiva y todo don perfecto descienden de lo alto, donde está el Padre que creó las lumbreras celestes, y que no cambia como los astros ni se mueve como las sombras* (Santiago 1:17).

Dios no cambia, ni para bien ni para mal. Ambos extremos son impensables para Él, ya que no podría hacer algo mejor ni peor. No hay nada en Él que cambie.

El Dios inmutable y omnipotente

Cuando decimos que Dios no cambia, queremos decir que ni Su carácter, ni Su voluntad cambian. Números 23:19 dice: *Dios no es un simple mortal para mentir y cambiar de parecer. ¿Acaso no cumple lo que promete ni lleva a cabo lo que dice?* Sin embargo, puede escoger reaccionar de forma diferente frente a las respuestas variables del hombre. Por ejemplo, Dios le ordenó a Jonás que predicara en la ciudad de Nínive que sus habitantes serían destruidos, pero con la predicación de Jonás, la ciudad entera se arrepintió. La Biblia dice: *Al ver Dios lo que hicieron, es decir, que se habían convertido de su mal camino, cambió de parecer y no llevó a cabo la destrucción que les había anunciado* (Jonás 3:10).

En lugar de destruirlos, los bendijo. ¿Dios cambió? No. Fue Nínive la que cambió, y Dios respondió a su arrepentimiento con una bendición, la cual es coherente con Su naturaleza.

Génesis 6:6 dice que cuando Dios miró el libertinaje de la humanidad en la civilización pre–diluviana, *se arrepintió de haber hecho al ser humano en la tierra, y le dolió en el corazón*. Dios había hecho al hombre para bendecirlo pero el hombre convirtió Su bendición en maldición. La voluntad de Dios y Su carácter son inmutables. Él recompensó el bien y castigó el mal; el hombre cambió y Dios lamentó que el hombre sufriera en el juicio. Él no se goza cuando cae el juicio (2ª Pedro 3:9).

Cuando la Biblia dice que Dios lo lamentó, no quiere decir que hubiera pensado que había cometido un error.

La Biblia usa la palabra arrepentimiento. No quiere decir que cambió de parecer; simplemente, la Biblia expresa la actitud divina de dolor por el pecado en términos comprensibles para nosotros. Significa que Dios respondió a la iniquidad del hombre con dolor y cambió Su trato hacia la humanidad por la conducta que tenían. Su voluntad jamás cambió, nunca cambió Su maldición (ver Jeremías 13:17).

La inmutabilidad de Dios lo diferencia de todo porque todo lo demás cambia. El universo entero cambia, las galaxias nacen y mueren, aun el sol se está apagando lentamente. Nuestro mundo está en constante cambio: las estaciones cambian, nos volvemos viejos y morimos, y desde el principio hasta el fin, todo lo que conocemos, cambia. Menos Dios. Es *el mismo ayer y hoy y por los siglos* (Hebreos 13:8).

La Bendición de la Inmutabilidad de Dios

El hecho de que Dios no cambie es una gran fuente de consuelo para los creyentes. Quiere decir que Su amor es para siempre, Su perdón es para siempre, Su salvación es para siempre, Sus promesas son para siempre.

En Romanos 11:29, Pablo escribe: *porque las dádivas de Dios son irrevocables, como lo es también su llamamiento.* Dios no cambia Su promesa. *Somos infieles, él sigue siendo fiel, ya que no puede negarse a sí mismo* (2ª Timoteo 2:13). Si nuestra fe va despacio, Él no cambia con nosotros. Entonces, la seguridad de la salvación se fundamenta en el carácter inmutable de Dios.

El Dios inmutable y omnipotente

Para los cristianos, el conocimiento de que Dios es inmutable es tranquilizador y emocionante. Le pertenecemos a Él y ha prometido suplir todas nuestras necesidades. Estamos seguros en la relación que tenemos con Él, Su amor por nosotros nunca disminuirá. Verdaderamente, terminará el trabajo que inició en nosotros (ver Filipenses 1:6).

Sin embargo, el conocimiento de que Dios no cambia, puede ser terrorífico para un no creyente. Él ha dicho que el alma que tenga pecado, morirá. No va a alterar Su decreto, Su Palabra dice que la paga del pecado es la muerte y eso será tan verdadero como el juicio final, tal como fue cuando se escribió. Aunque sienta dolor no suavizará su posición frente al pecado. La Biblia dice en el Salmo 119:89: *Tu palabra, Señor, es eterna, y está firme en los cielos.*

Dios es Omnipotente

La palabra *todopoderoso* se usa cincuenta y seis veces en la Biblia. Siempre se usa para Dios, nunca para alguien más. Dios es todopoderoso y omnipotente. De nuevo, nos vemos obligados a usar un término opuesto para explicar el concepto: no hay nada que Él no pueda hacer. Esa es una idea asombrosa, no hay límites para Su poder.

Dios puede hacer fácilmente una cosa u otra. No es más difícil para Dios crear el universo que hacer una mariposa, y hacer todo sin perder algo de Su fuerza. Isaías 40:28 dice: *¿Acaso no lo sabes? ¿Acaso no te has enterado? El Señor es el Dios eterno, creador de los confines de la tierra. No se cansa ni se fatiga, y su inteligencia es insondable.* Dios no necesita recargarse. ¿A dónde iría por más fuerza? No hay poder fuera de Dios.

La autoridad para usar Su poder proviene de Su poder absoluto. Dios no sólo tiene el poder, sino que también tiene la autoridad de hacer cualquier cosa que desee. Aunque Dios puede hacer cualquier cosa que quiera, Su voluntad es totalmente coherente con Su naturaleza. Esto explica, por ejemplo, por qué no puede mentir y no tolera el pecado. Además, explica por qué muestra gracia y misericordia. El Salmo 115:3 dice: *Nuestro Dios está en los cielos y puede hacer lo que le parezca.* Alguna vez se ha hecho la pregunta: "¿Por qué ha hecho esto Dios?" Lo hizo porque en su infinita sabiduría quiso. Si no le parece una respuesta satisfactoria es porque no entiende a Dios. Usted está tratando de hacerlo parecer a los hombres.

En Romanos 9, Pablo trata el asunto de que Dios *hace lo que quiere* y dice que algunos harán la pregunta: *Entonces, ¿por qué todavía nos echa la culpa Dios? ¿Quién puede oponerse a su voluntad?* (Versículo 19). En otras palabras, si Dios siempre hace lo que quiere, ¿cómo puede culpar a los hombres? Entonces, da una respuesta que probablemente no satisface a aquellos que no entienden el poder absoluto de Dios: *¿Quién eres tú para pedirle cuentas a Dios? ¿Acaso le dirá la olla de barro al que la modeló: "Por qué me hiciste así?"* (Versículo 20). Dicho de otro modo, no tenemos derecho a cuestionar a Dios. El poder supremo en cuanto al diseño es derecho exclusivo del alfarero.

Hay cuatro áreas en las que puede verse el poder de Dios con mayor claridad. Una, es *Su capacidad de crear algo de*

Sí mismo. El Salmo 33:6 dice: *Por la palabra del* Señor *fueron creados los cielos, y por el soplo de su boca, las estrellas*. El versículo 9 agrega: *porque él habló, y todo fue creado; dio una orden, y todo quedó firme*. Romanos 4:17 dice que Él *da vida a los muertos y que llama las cosas que no son como si ya existieran*. Creó todo sin alguna ayuda. Isaías 44:24 dice: *Así dice el* Señor, *tu Redentor, quien te formó en el seno materno: "Yo soy el* Señor, *que ha hecho todas las cosas, yo solo desplegué los cielos y expandí la tierra. ¿Quién estaba conmigo?"* El mundo llegó a existir en el momento en que Dios pensó: *mundo*. Instantáneamente, surgió.

Piense en el poder que hay en el universo creado. Podemos desintegrar un átomo y destruir con la explosión resultante a una ciudad principal. Pero aun si los hombres pudieran producir una reacción en cadena que pudiera sepultar al universo entero, no se aproximaría al poder de Dios, porque Él es más grande que todo lo que creó. Es el único que puso todo el poder en potencia dentro de cada pequeño átomo.

Una segunda área en la que podemos ver el poder de Dios es en *Su capacidad para sostener Su creación*. Hebreos 1:3 dice que *sostiene todas las cosas con su palabra poderosa*. Dios descansó el séptimo día de la creación, pero no porque estuviera cansado. De hecho, realmente no descansó de la forma en que nosotros lo entendemos. Simplemente, cesó su actividad creadora. Si Dios hubiera dejado de actuar en el séptimo día, todo lo que había hecho durante los primeros seis días se hubiera desbaratado.

Cuando Dios descansó en el séptimo día, también estaba estableciendo un modelo físico y espiritual para nosotros, así como un símbolo de descanso que se cumplirá completamente en el plan de redención eterna en Jesucristo. Necesitamos descanso físico, y tiempo para adorar y reponernos espiritualmente, pero Dios no lo necesita, ya que continúa protegiendo a Su creación.

Más aún, el poder de Dios se ve claramente en *Su capacidad para redimir al perdido*. De hecho, Su poder es más maravilloso en la redención que en la creación, porque allí no había oposición, ni ningún demonio que sujetar, ninguna ley estruendosa que silenciar, ninguna muerte que conquistar, ningún pecado que perdonar, ningún infierno que cerrar, ninguna muerte en la cruz que sufrir.

Lo que hace que la redención sea verdaderamente extraordinaria es que Dios llamó para Sí a un grupo de *donnadies* y los hizo confundir a los poderosos. 1ª Corintios 1:26–28 dice:

> *Hermanos, consideren su propio llamamiento: No muchos de ustedes son sabios, según criterios meramente humanos; ni son muchos los poderosos ni muchos los de noble cuna. Pero Dios escogió lo insensato del mundo para avergonzar a los sabios, y escogió lo débil del mundo para avergonzar a los poderosos. También escogió Dios lo más bajo y despreciado, y lo que no es nada, para anular lo que es.*

El Dios inmutable y omnipotente

Los primeros capítulos de Hechos muestran cómo los apóstoles trastornaron el mundo. Era una clara demostración del poder de Dios en la redención.

Finalmente, el poder ilimitado de Dios es visible en *Su capacidad para levantar de la muerte*. Un día, al final de los tiempos, Dios levantará de la muerte a cada ser humano que haya vivido de forma justa o injusta. Jesús dijo: *No os asombréis de esto, porque llegará la hora cuando todos los que están en los sepulcros oirán su voz; y los que hicieron lo bueno saldrán a resurrección de vida; pero los que hicieron lo malo, a resurrección de condenación* (Juan 5:28-29). Este pasaje habla del incomprensible poder de la resurrección.

El Significado de la Omnipotencia de Dios

La omnipotencia de Dios es otra verdad práctica y fundamental para la verdadera adoración. 2º Reyes 17:36 dice: *Adoren sólo al SEÑOR, que los sacó de Egipto con gran despliegue de fuerza y poder. Es a él a quien deben adorar y ofrecerle sacrificios*. La Biblia dice: *a éste adoraréis (RV60)*.

Una comprensión de la omnipotencia de Dios es una fuerte motivación para adorar, porque Su poder es una base para la confianza diaria de los cristianos. Cuando me siento incompetente e incapaz de hacer algo, viene a mi mente Filipenses 4:13, el cual dice: *Todo lo puedo en Cristo que me fortalece*. Efesios 3:20 dice que Dios es: *Y a Aquel que es poderoso para hacer todas las cosas mucho más abundantemente de lo que pedimos o entendemos, según el poder que actúa en nosotros.* El poder de Dios nos sostiene en nuestras vidas diarias.

Esta es una gran fuente de ánimo. No hay problema, por difícil que nos parezca, que Él no pueda manejar. El Salmo 121:1-2 nos da su perspectiva: *A las montañas levanto mis ojos; ¿de dónde ha de venir mi ayuda? Mi ayuda proviene del Señor, creador del cielo y de la tierra.* Dios hizo el cielo y la tierra. Ninguno de nuestros problemas se iguala a Su gran poder.

Efesios 6:10 dice: *Por último, fortalézcanse con el gran poder del Señor.* No necesitamos luchar nuestras batallas en nuestra propia fuerza, Su poder omnipotente está disponible para nosotros. Cuando viene el adversario, no debemos pelear. Vaya y dígale al Comandante, quien pelea por nosotros. El secreto de nuestra victoria depende de Su poder. Juan escribió: *porque el que está en ustedes es más poderoso que el que está en el mundo* (1ª Juan 4:4).

No hay necesidad de temer a desertar o a perder nuestra salvación. Pablo le escribió a Timoteo, *Por ese motivo padezco estos sufrimientos. Pero no me avergüenzo, porque sé en quién he creído, y estoy seguro de que tiene poder para guardar hasta aquel día lo que le he confiado* (2ª Timoteo 1:12).

Romanos 8:33–35 pregunta: *¿Quién acusará a los que Dios ha escogido? Dios es el que justifica. ¿Quién condenará? Cristo Jesús es el que murió, e incluso resucitó, y está a la derecha de Dios e intercede por nosotros. ¿Quién nos apartará del amor de Cristo? ¿La tribulación, o la angus-*

tia, la persecución, el hambre, la indigencia, el peligro, o la violencia? Pablo continúa: *Pues estoy convencido de que ni la muerte ni la vida, ni los ángeles ni los demonios, ni lo presente ni lo por venir, ni los poderes, ni lo alto ni lo profundo, ni cosa alguna en toda la creación, podrá apartarnos del amor que Dios nos ha manifestado en Cristo Jesús nuestro* SEÑOR (Versículos 38 y 39).

Sin embargo, el impacto de la omnipotencia de Dios es muy diferente en los no creyentes, ya que están en oposición a Dios, y el poder de Dios es una amenaza para ellos. Quiere decir que su juicio es seguro, y *¡horrenda cosa es caer en manos del Dios vivo!* (Hebreos 10:31).

Adorar al Dios Inmutable y Omnipotente

Adoramos al Dios inmutable y todopoderoso. Si eso parece alejarlo de nuestra capacidad para comprenderlo, es bueno. Si usted piensa en Dios como alguien que es lo suficientemente simple como para que la mente humana lo entienda, su dios no es el Dios verdadero.

¿Cuál es su concepto acerca de Dios? ¿Lo ve como un ser eterno, infinito, todopoderoso, inmutable y glorioso? O, como muchos, tiende a minimizar la grandeza de Dios, prefiriendo pensar en Él como alguien que puede ser manipulado o engañado por la hipocresía humana, o como aquel a quien se le puede ordenar hacer algo. Una visión de Dios como ésta es totalmente pagana.

Una visión de la firmeza de nuestro Dios inmutable trae una sensación de seguridad y estabilidad a nuestras vidas inestables. Y el entendimiento de que Su poder es ilimitado y no reductible, fortalece y anima aun al creyente más débil. La respuesta natural a esto es alabanza y adoración que fluye en una vida que adora.

Capítulo 6

El Dios que está en todas partes (y lo sabe todo)

En 1º Crónicas 28:9, David le dijo a su hijo: *Y tú, Salomón, hijo mío, reconoce al Dios de tu padre, y sírvele de todo corazón y con buena disposición.* Este es el mejor consejo: conoce a Dios y cuando lo conozcas, sírvele con agrado con un corazón perfecto. David continúa: *pues el Señor escudriña todo corazón y discierne todo pensamiento. Si lo buscas, te permitirá que lo encuentres; si lo abandonas, te rechazará para siempre.* Ojalá cada padre le diera este mensaje a su hijo.

Como indica el versículo, las consecuencias de no conocer a Dios son nefastas. En 2ª Tesalonicenses 1:7–8, Pablo escribe: *Y a ustedes que sufren, les dará descanso, lo mismo que a nosotros. Esto sucederá cuando el Señor Jesús se manifieste desde el cielo entre llamas de fuego, con sus poderosos ángeles, para castigar a los que no conocen a Dios ni obedecen el evangelio de nuestro Señor Jesús.*

Conocer a Dios es tener vida eterna. Quien conoce a Dios íntimamente, participa de Su naturaleza y vida. En Juan

17:3, nuestro SEÑOR oró, *Y ésta es la vida eterna: que te conozcan a ti, el único Dios verdadero, y a Jesucristo, a quien tú has enviado.*

La sabiduría está abrigada en la idea de conocer a Dios. Salomón escribió:

> *Si tu oído inclinas hacia la sabiduría y de corazón te entregas a la inteligencia; si llamas a la inteligencia y pides discernimiento; si la buscas como a la plata, como a un tesoro escondido, entonces comprenderás el temor del SEÑOR y hallarás el conocimiento de Dios* (Proverbios 2:2–5).

El conocimiento de Dios es el producto de la sabiduría. Un hombre es sabio en la medida que entiende al Dios verdadero.

Dios quiere que lo conozcamos. Él no se esconde, no es un jugador cósmico que se esconde en un arbusto, diciendo: «caliente, caliente». Dios no está tratando de ocultarse. Se ha revelado y quiere que lo conozcamos.

En el capítulo anterior, arañamos la superficie de sólo dos atributos de Dios: Su inmutabilidad y Su omnipotencia. En este capítulo, examinaremos dos más.

Dios es Omnipresente

Las personas siempre han tratado de limitar a Dios. En el Antiguo Testamento, los judíos sentían que Dios realmente habitaba en el templo. No comprendían que sólo era un símbolo de Su presencia y que allí no habitaba en Su plenitud. Las personas en nuestra sociedad tienden a pensar a Dios como quien está lejos en un lugar celestial, pero Dios no puede ser limitado a algún lugar. Dios está en todas partes al mismo tiempo, es omnipresente.

*¿Soy acaso Dios sólo de cerca? ¿No soy Dios también de lejos? afirma el S*ENOR*. ¿Podrá el hombre hallar un escondite donde yo no pueda encontrarlo? afirma el S*ENOR*. ¿Acaso no soy yo el que llena los cielos y la tierra? afirma el S*ENOR (Jeremías 23:23–24).

En otras palabras, Dios no es un ídolo confinado a un lugar, no puede contenerse en una construcción. No vamos a un lugar a adorar porque Dios está allí. Esa es una idea totalmente pagana.

Los asirios pensaban que el Dios de los israelitas vivía en el monte y que sus dioses vivían en los valles. Algunos de los paganos pensaban que sus dioses vivían en arboledas especialmente preparadas para ellos.

De acuerdo con 1º Samuel 5, los filisteos robaron el Arca del Pacto porque pensaban que ésta era la representación del Dios de los israelitas. Tomaron el Arca y la pusieron en el templo de su dios, Dagón. Resolvieron que ese era el lugar donde vivirían sus dioses, así que, ¿por qué no poner al Dios israelita ahí?

A la mañana siguiente, la estatua de Dagón estaba postrada sobre su rostro. Entonces, lo volvieron a poner en su lugar. Al día siguiente, estaba postrado de nuevo y en esta ocasión, sus manos y su cabeza habían sido cortadas. Dios le había realizado una cirugía sobrenatural a ese ídolo. 1º Samuel 5:5 dice, *Por eso, hasta el día de hoy, ninguno de los que entran en el templo de Dagón en Asdod pisan el umbral, ¡ni siquiera los sacerdotes!* Nunca nadie volvió a entrar al templo de Dagón en Asdod. ¿Quién quiere adorar a un dios que es sometido por otro Dios más poderoso?

Los filisteos relacionaban a su dios con ese lugar, pero el Dios verdadero no habita en templos hechos por manos humanas. No puede ser limitado a un solo lugar, construcción u objeto. Está en todas partes y está disponible para los verdaderos adoradores.

En ocasiones, el lenguaje que se usa en la Escritura parece dar a entender que Dios se mueve de lugar a lugar, como en Génesis 11:5, que dice: *Pero el Señor bajó para observar la ciudad y la torre que los hombres estaban construyendo.* Este versículo solo está presentando una verdad difícil de entender en un lenguaje sencillo para nosotros. Quiere decir, desde la perspectiva humana, que Dios le prestó atención a la ciudad y a la torre de inmediato. No tenía que viajar para llegar allá. Solo porque Dios actúa de forma única en un lugar, a la vez y por una razón especial, no quiere decir que no esté en todas partes, al mismo tiempo.

¿Dónde Habita Dios?

¿Qué quiere decir la Biblia cuando habla del lugar en el que habita Dios? Por ejemplo, el Nuevo Testamento enseña que mora en los creyentes. ¿Dios sólo está en el corazón de los creyentes? ¿No está también en el corazón de los hombres perversos?

Cuando la Biblia dice que los creyentes son el templo de Dios (1ª Corintios 3:16), habla de la relación especial que el Señor tiene con los redimidos, habla de Su presencia relacional y espiritual. La imagen de Dios, en esencia, está presente en cada persona, pero tiene una relación única con los creyentes.

En el Antiguo Testamento, se decía que habitaba entre las alas de los querubines del arca del Pacto. Esto simplemente quiere decir que en el Lugar Santísimo había un lugar donde Dios estableció el trono de Su majestad de forma simbólica.

Hoy, la iglesia cumple con ese propósito. Los creyentes son templos, símbolos de la presencia majestuosa de Dios. En el reino, el trono de Dios se representará con el trono en Jerusalén en el que reinará Cristo. En el cielo, se representa con el trono descrito en Apocalipsis 4 y 5. Todos estos son sólo símbolos, y el símbolo de la presencia de Dios nunca implica el aprisionamiento de Su esencia. Dios está en todas partes.

Incluso, Dios está en lugares asociados con la maldad. Está en el corazón del pecador para examinarlo y convencerlo; está en el infierno para realizar Sus actos de juicio. Por esta razón, es Aquel que es capaz de destruir tanto el alma como el cuerpo en el infierno. Esto no quiere decir que se corrompa con la maldad que está a Su alrededor. Su esencia está en todas partes, pero nunca se mezcla con alguna impureza. En cierto sentido, para comprenderlo más claramente, Dios es como los rayos del sol. Un rayo de sol puede caer sobre un cadáver podrido en un campo, pero éste nunca le traspasa algo de su corrupción al rayo de sol.

Simplemente, Dios es la esencia de lo que es, no se mezcla con nada, nada lo corrompe. Jesús vino al mundo, caminó por el mundo, vio el pecado y fue amigo de los pecadores, pero no hubo pecado en Él. Dios puede tocar todo y no ser corrompido por nada.

Este es un pensamiento sorprendente: Dios está en todas partes y no se mezcla con nada, nada lo corrompe. Nada que lo toque, corrompe Su carácter. ¿Qué tipo de aplicación práctica ofrece esta doctrina?

La Respuesta del Creyente a la Presencia de Dios

Primero, representa seguridad. Sin importar qué tan adversas sean las circunstancias o emociones que experimentemos, aunque seamos conscientes de que Dios está o no, está ahí. Podemos dudar de Su presencia, podemos sentir que está lejos, pero está tan cerca como siempre lo ha estado, pues dijo: *Nunca te dejaré; jamás te abandonaré* (Hebreos 13:5).

Filipenses 4:5–6 incluye esta oración: *El Señor está cerca. No se inquieten por nada; más bien, en toda ocasión, con oración y ruego, presenten sus peticiones a Dios y denle gracias.* Aunque a menudo se piensa que este versículo se refiere a la segunda venida, realmente habla de la presencia perpetua de Cristo. Está aquí todo el tiempo. Dese cuenta de ello, es uno de Sus atributos, una parte integral de Su carácter.

El Dios que está en todas partes (y lo sabe todo)

¿Un cristiano puede ser separado de Dios? ¡No! Nada en el universo puede separarlo de la esencia de Dios, y un creyente no puede ser separado de la relación que tiene con Él, pues siempre está aquí. En 2ª Timoteo 2:13, se nos dice que aun si nuestra fe empieza a flaquear, Él permanece fiel. El compañerismo inquebrantable es el símbolo del creyente. Dios está con nosotros ahora, tanto como estará con nosotros en la eternidad; permanece dentro de nosotros. Esa es una grandiosa fuente de seguridad.

También, la presencia de Dios apoya al creyente. Cuando Dios llamó a Moisés, él le contestó en Éxodo 4:10: *Señor, yo nunca me he distinguido por mi facilidad de palabra objetó Moisés. Y esto no es algo que haya comenzado ayer ni anteayer, ni hoy que te diriges a este servidor tuyo. Francamente, me cuesta mucho trabajo hablar.* La respuesta de Dios en el versículo 12 fue: *Anda, ponte en marcha, que yo te ayudaré a hablar y te diré lo que debas decir.*

Decir que Dios está presente no quiere decir que está ahí parado mirándonos. Quiere decir que está apoyándonos en la obra que hacemos para Él. Cuando Cristo les dio a los discípulos el mandato que conocemos como la Gran Comisión, cerró con esta promesa: *Y les aseguro que estaré con ustedes siempre, hasta el fin del mundo* (Mateo 28:20). Era Su garantía de que el trabajo hecho para Él sería bendecido con Su presencia y Su ayuda poderosa.

La continua presencia de Dios es también un escudo contra la irresistible tentación. En cualquier momento que Satanás quiera llegar al creyente, éste tiene que ir a Dios. 1ª Corintios 10:13 dice: *Ustedes no han sufrido ninguna tentación que no sea común al género humano. Pero Dios es fiel, y no permitirá que ustedes sean tentados más allá de lo que puedan aguantar. Más bien, cuando llegue la tentación, él les dará también una salida a fin de que puedan resistir.* Dios está presente de forma personal e individual para cada creyente con el fin de defenderlo contra la tentación que no puede manejar.

Saber que Dios está presente en todas partes, debe motivarnos a obedecerlo con más cuidado. Cuando pecamos, sea un pecado con el pensamiento, de palabra o de acción, se hace en la presencia de Dios. Es como si subiéramos a las nubes, llegaramos al salón del trono de Dios, al lado de Su trono, y realizáramos el pecado justo ahí. Esto nos hace pensar.

Proverbios 3:6 da a entender lo anterior cuando dice: *Reconócelo en todos tus caminos, y él allanará tus sendas.* Vivir la vida cristiana implica ordenar mi vida, entendiendo que todo lo que hago, se hace en la presencia de Dios. Esto debe revolucionar nuestras vidas «privadas».

El Otro Lado de la Moneda

Entonces, la doctrina de la omnipresencia de Dios es sumamente importante para los creyentes, pero, ¿qué implica para un no creyente? Un hombre malvado no tiene un lugar secreto. No hay escape, no hay salida, no hay un lugar en donde refugiarse. Amós 9:2–4 amplía la perspectiva de la situación apremiante del no creyente que trata de esconderse de Dios:

El Dios que está en todas partes (y lo sabe todo)

Aunque se escondan en lo profundo del sepulcro, de allí los sacaré mi mano. Aunque suban hasta el cielo, de allí los derribaré. Aunque se oculten en la cumbre del Carmelo, allí los buscaré y los atraparé. Aunque de mí se escondan en el fondo del mar, allí ordenaré a la serpiente que los muerda. Aunque vayan al destierro arriados por sus enemigos, allí ordenaré que los mate la espada. Para mal, y no para bien, fijaré en ellos mis ojos.

No hay lugar donde esconderse. El hombre impío debe darse cuenta de que no importa cuánto intente y trate, no puede escapar de Dios. Puede decidir no querer ir a la iglesia, no leer la Biblia, evitar cualquier discusión religiosa, querer alejar a Dios de su mente, pero Dios seguirá estando ahí.

Job 26:5–6 dice: *Un estremecimiento invade a los muertos, a los que habitan debajo de las aguas. Ante Dios, queda el sepulcro al descubierto; nada hay que oculte a este destructor.* Dios desenmascara todo en Su presencia. Job 34:21–22 dice: *Mueren de pronto, en medio de la noche; la gente se estremece y muere; los poderosos son derrocados sin intervención humana. Los ojos de Dios ven los caminos del hombre; él vigila cada uno de sus pasos.*

En el Salmo 139:7-12, David dice:

¿A dónde podría alejarme de tu Espíritu? ¿A dónde podría huir de tu presencia? Si subiera al cielo, allí

estás tú; si tendiera mi lecho en el fondo del abismo, también estás allí. Si me elevara sobre las alas del alba, o me estableciera en los extremos del mar, aun allí tu mano me guiaría, ¡me sostendría tu mano derecha! Y si dijera: "Que me oculten las tinieblas; que la luz se haga noche en torno mío", ni las tinieblas serían oscuras para ti, y aun la noche sería clara como el día. ¡Lo mismo son para ti las tinieblas que la luz!

El ladrón roba cuando cree que nadie lo ve, el adúltero comete adulterio pensando que nadie lo sabrá, el mentiroso miente porque cree que nadie lo descubrirá, pero Dios lo sabe. Que sea invisible no quiere decir que no está ahí. Dios nunca duerme. Hebreos 4:13 hace una declaración conmovedora: *Ninguna cosa creada escapa a la vista de Dios. Todo está al descubierto, expuesto a los ojos de aquel a quien hemos de rendir cuentas.*

Dios es Omnisciente

El atributo de la omnisciencia está muy relacionado con la omnipresencia de Dios. El Salmo 147:5 dice de Dios: *Excelso es nuestro SEÑOR, y grande su poder; su entendimiento es infinito.* No sólo conoce lo conocido, sino también lo que no se puede conocer. 1º Samuel 2:3 dice: *El SEÑOR es un Dios que todo lo sabe, y él es quien juzga las acciones.* La palabra hebrea para *conocimiento* en este versículo está en plural, haciendo énfasis en la extensión del conocimiento de Dios.

El Dios que está en todas partes (y lo sabe todo)

En Romanos 16:27, Pablo lo llamó *el único Dios sabio.* No sólo conoce todo, sino que también es el único que puede hacerlo. El conocimiento de los ángeles es amplio, pero ellos no conocen todo lo que Dios conoce. El conocimiento del hombre va en aumento, pero comparado con el conocimiento de Dios es una tontería.

¿De Dónde Obtiene Dios la Información?

Dios no obtiene Su conocimiento de alguna fuente porque Él ya lo sabe todo. No necesita aprender, ¿quién podría enseñarle? Isaías 40:13 pregunta: *¿Quién puede medir el alcance del espíritu del Señor, o quién puede servirle de consejero?* Por supuesto, la respuesta es: nadie. En Romanos 11:34, Pablo dice: *¿Quién ha conocido la mente del Señor, o quién ha sido su consejero?* Nadie. Dios conoce todo y siempre ha sido así.

No hacemos nuestras peticiones de oración para darle a Dios información que Él necesite. Él conoce nuestras necesidades antes de que oremos. Oramos para abrir nuestros corazones y demostrar que nos preocupamos, pues él ha decidido ocuparse de nuestras oraciones.

Ningún conocimiento está lejos del alcance de Dios. No existe un pensamiento, una palabra o una acción que sea secreta y que le podamos esconder. Dios conoce incluso el número de cabellos de su cabeza. ¿Por qué se molestaría en contar nuestros cabellos? No los cuenta, simplemente lo sabe. Dios no tiene un libro de registros sobre el cabello sólo para probar que tiene razón. Cualquier cosa que sea, la conoce. No tiene que aprender para informarse.

Dios puede ver más allá del exterior. En Apocalipsis 2:23, dice: *Así sabrán todas las iglesias que yo soy el que escudriña la mente y el corazón; y a cada uno de ustedes lo trataré de acuerdo con sus obras*. No podemos ocultarle secretos a Dios, pues ve nuestros corazones y nuestras mentes, tanto como nuestro interior. El Salmo 139:4 dice: *No me llega aún la palabra a la lengua cuando tú, SEÑOR, ya la sabes toda*. Dios escucha nuestros susurros como si fueran transmisiones radiales, y nuestras mentes no pueden concebir el pensamiento más sutil fuera del conocimiento de Dios, quien dice en Isaías 66:18 (RV60): *porque yo conozco… sus pensamientos*.

Muchos episodios en los evangelios nos dicen que Jesús podía ver los corazones de los hombres. Juan 2:25 nos dice que el conoce lo que hay en el corazón del hombre: y Lucas 6:8 dice *él conocía los pensamientos de ellos*. Nicodemo fue a Jesús con una pregunta en su boca y otra en su mente (Juan 3). Jesús le respondió la que tenía en la mente, aunque Nicodemo nunca se la formuló.

La Infinita Sabiduría de Dios

La omnisciencia de Dios es inseparable de Su perfecta sabiduría. La sabiduría es la omnisciencia que actúa con una voluntad santa. Si Dios conoce el final desde el principio, conoce cada paso que hay en medio y es capaz de hacer que, a larga, todas las cosas funcionen para bien, aun cuando las circunstancias parezcan adversas para nosotros (Romanos 8:28).

Observe la creación de Dios. Todo, desde la vastedad del universo hasta el detalle más microscópico del mundo, evidencia una asombrosa sabiduría. Las partes que componen el universo se extienden más allá de nuestros cálculos y todo funciona en armonía con lo demás para lograr lo que Dios se ha propuesto. La creación de Dios es un monumento a Su sabiduría. El Salmo 104:24 dice: *¡Oh Señor, cuán numerosas son tus obras! ¡Todas ellas las hiciste con sabiduría! ¡Rebosa la tierra con todas tus criaturas!*

Dios Sabe Todo, ¿Y Qué?

¿Cuáles son las lecciones prácticas de la omnisciencia de Dios? ¿En qué forma afecta a los creyentes? En primer lugar, es muy consolador saber que Dios sabe todo. No parecemos ser muy importantes en el universo, ¿alguna vez ve ha preguntado si Dios sabe que usted está ahí? Lo sabe.

En el tiempo de Malaquías, Dios había lanzado juicio sobre el pueblo y Malaquías estaba profetizando más juicio. Un grupo de personas justas empezó a preguntarse si serían arrasados en la destrucción indiscriminadamente. Malaquías 3:16–17 dice:

> *Los que temían al Señor hablaron entre sí, y él los escuchó y les prestó atención. Entonces se escribió en su presencia un libro de memorias de aquellos que temen al Señor y honran su nombre. El día que yo actúe ellos serán mi propiedad exclusiva –dice el Señor Todopoderoso–. Tendré compasión de ellos, como se compadece un hombre del hijo que le sirve.*

Dios tiene un libro con los nombres de las personas de Su pueblo y no se olvida de quienes le pertenecen. De acuerdo con Apocalipsis 13:8, los nombres de los creyentes han sido registrados en el libro de Dios desde la fundación del mundo, pues los conocía desde antes. Para el creyente, esto produce una confianza sólida y consoladora, pues sabe que absolutamente nada está fuera del conocimiento de Dios. Nos conoce y sabe que le pertenecemos.

Dios conoce cada prueba por la que pasamos y nuestras necesidades. Mateo 6:25–33, dice:

> *Por eso les digo: No se preocupen por su vida, qué comerán o beberán; ni por su cuerpo, cómo se vestirán. ¿No tiene la vida más valor que la comida, y el cuerpo más que la ropa? Fíjense en las aves del cielo: no siembran ni cosechan ni almacenan en graneros; sin embargo, el Padre celestial las alimenta. ¿No valen ustedes mucho más que ellas? ¿Quién de ustedes, por mucho que se preocupe, puede añadir una sola hora al curso de su vida? ¿Y por qué se preocupan por la ropa? Observen cómo crecen los lirios del campo. No trabajan ni hilan; sin embargo, les digo que ni siquiera Salomón, con todo su esplendor, se vestía como uno de ellos. Si así viste Dios a la hierba que hoy está en el campo y mañana es arrojada al horno, ¿no hará mucho más por ustedes, gente de poca fe? Así que no se preocupen diciendo: "¿Qué comeremos?" o "¿Qué beberemos?" o "¿Con qué nos vestiremos?" Porque los paganos andan tras todas estas cosas, y el*

Padre celestial sabe que ustedes las necesitan. Más bien, busquen primeramente el reino de Dios y su justicia, y todas estas cosas les serán añadidas.

Dios nos Conoce y de Todas Formas… Nos Ama

Solía pensar que la doctrina de la omnisciencia era cualquier cosa menos tranquilizadora. Cuando era joven, a menudo mis padres me decían: «puede que no sepamos lo que haces, pero Dios sí lo ve todo». Pensaba en esto como una amenaza, algo que solo me hacía temer hacer cualquier cosa equivocada.

No olvide que la omnisciencia de Dios es una fuerza disuasoria contra el pecado. Dios es el único maestro que nunca abandona el salón. 2ª Corintios 5:10 nos dice que un día seremos llamados a rendir cuentas por todas las cosas que hemos hecho en el cuerpo, y 1ª Corintios 4:5 dice que *Él sacará a la luz lo que está oculto en la oscuridad y pondrá al descubierto las intenciones de cada corazón.* Es una motivación poderosa para vivir rectamente.

Mis padres tenían razón: Dios conoce todo lo que hacemos y aún siempre hace Su corrección con amor. Pedro negó al Señor tres veces en Su crucifixión. En Juan 21, Jesús confrontó a Pedro y le preguntó: *¿Me amas?* (v. 16), Pedro le aseguró al Señor que lo amaba. Le preguntó de nuevo, tres veces en total. Finalmente, Pedro dijo: Señor, *Tú lo sabes todo. Tú sabes que te amo.* Pedro apeló a la omnisciencia de Jesús, en lugar de comprobar su amor mediante la conducta visible.

1ª Juan 3:19–20 dice: *En esto sabremos que somos de la verdad, y nos sentiremos seguros delante de él: que aunque nuestro corazón nos condene, Dios es más grande que nuestro corazón y lo sabe todo.* La omnisciencia de Dios es, para nosotros, más que la simple acción de un guardián: es la fuente de nuestra confianza y seguridad, pues más allá de nuestra desobediencia y fracaso, ve un corazón que lo ama.

La Omnisciencia de Dios y el no Creyente

Para el no creyente, la doctrina de la omnisciencia no es un consuelo: lo desenmascara y revela la estupidez de la hipocresía. Dios no es como el hombre, quien mira la apariencia exterior, Él mira el corazón. La idea de que un hombre puede jugar con Dios y ganar es demolida por la verdad de que Dios lo conoce todo. No puede ser burlado.

De hecho, la omnisciencia de Dios supone un fuerte contraste con la insensatez de la sabiduría e hipocresía humana. 1ª Corintios 3:18–20 dice:

> *Que nadie se engañe. Si alguno de ustedes se cree sabio según las normas de esta época, hágase ignorante para así llegar a ser sabio. Porque a los ojos de Dios la sabiduría de este mundo es locura. Como está escrito: "Él atrapa a los sabios en su propia astucia", y también dice: "El Señor conoce los pensamientos de los sabios y sabe que son absurdos".*

La omnisciencia de Dios también le dice al no creyente que hay una promesa de juicio certero. Romanos 2:2 dice: *pero sabemos que el juicio de Dios contra los que practican tales cosas es según la verdad* (RV60). Podemos estar seguros de que el juicio final será justo. Dios juzgará con base en la verdad, porque tiene conocimiento absoluto de ésta. En Jeremías 16:17, el profeta dijo: *Ciertamente mis ojos ven todas sus acciones; ninguna de ellas me es oculta. Su iniquidad no puede esconderse de mi vista.* No hay escondite del juicio de Dios.

El Asunto Decisivo

Entonces, los atributos de Dios tienen un efecto enormemente diferente en los creyentes y en los no creyentes. Para aquellos que confían en Él, Sus atributos son edificantes, alentadores, fortalecedores: fuente de gran consuelo, confianza y seguridad. Pero para aquellos que se rebelan y se rehúsan a confiar en Él, los atributos de Dios se convierten en amenazas, causas de temor y presagios de condena eterna.

Se manifiesta el carácter de Dios. El asunto es cómo responder frente a éste. Un hombre que se estrella contra Dios continuamente, tratando de vivir de la forma que quiere, sin que le importe cómo es Él, es un tonto.

Dios es inmutable, omnipotente, omnipresente y omnisciente. Nuestra respuesta frente a esto debe ser adoración honesta y humilde. Es fácil ser orgullosos si nos enfocamos en nosotros mismos. Pero tan pronto como empezamos a comprender quién es Dios, nos damos cuenta de nuestra condición, y nuestra respuesta es un deseo de glorificar a Dios.

Capítulo 7

SANTO, SANTO, SANTO

Saber que Dios es inmutable, omnipotente, omnipresente y omnisciente es significativo. Sin embargo, estos atributos ofrecen una perspectiva limitada de lo que Dios espera de nosotros. ¿Qué nos obliga a adorar más allá de Su presencia invariable, todopoderosa, infinita y que todo lo conoce?

Básicamente, esto: Dios es santo. De todos Sus atributos, la santidad es el único que mejor Lo describe, y en realidad, es la síntesis de todos Sus atributos. La palabra *santidad* se refiere a Su separación, Su alteridad, al hecho de que es diferente a cualquier otro ser. Indica Su perfección completa e infinita. La Santidad es el atributo de Dios que une a todos los demás. Entenderlo de la forma apropiada, revolucionará la calidad de nuestra adoración.

Cuando los ángeles exaltaban a Dios, no decían: «eterno, eterno, eterno», ni «fiel, fiel, fiel», o «sabio, sabio, sabio», ni tampoco «poderoso, poderoso, poderoso». Decían: *¡Santo, santo, santo es el SEÑOR Dios Todopoderoso!* (Apocalipsis 4:8). Su santidad es la corona de todo lo que Él es.

Éxodo 15:11 pregunta: *¿Quién, SEÑOR, se te compara entre los dioses? ¿Quién se te compara en grandeza y santidad? Tú, hacedor de maravillas, nos impresionas con tus portentos.* La respuesta, por supuesto, es que no hay un ser que iguale la santidad de Dios. De hecho, la santidad es un atributo de Dios tan único y exclusivo que el Salmo 111:9 dice: *¡Su nombre es santo e imponente!*

El Estandar de la Santidad Absoluta

Dios no se adapta a un estándar de santidad: Él es el estándar. Nunca hace nada mal, nunca se equivoca, nunca hace un juicio equivocado y nunca hace que ocurra algo erróneo. No hay grados de santidad en Él. Es santo, intachable, sin error, sin pecado, completamente recto, absoluta e infinitamente santo.

Para estar en la presencia de Dios, uno debe ser santo. Esto se demostró cuando los ángeles pecaron. Dios inmediatamente los expulsó y preparó un lugar para ellos, separado de Su presencia. Cuando los hombres deciden no acercarse a Dios y rechazar a Jesucristo, su fin último es ser enviados al lugar preparado para el demonio y sus ángeles, fuera de la presencia de Dios.

De forma milagrosa, la salvación imputa la propia santidad de Dios al creyente en Jesucristo (ver Filipenses 3:8–9). Pedro articuló esta verdad cuando escribió: *Sean santos, porque yo soy santo* (1ª Pedro 1:16).

La santidad de Dios se manifiesta claramente en Su odio hacia el pecado; no puede tolerarlo. Está completamente retirado de éste. Amós 5:21-23 registra las fuertes palabras de Dios contra aquellos que intentan adorarlo mientras están contaminados con pecado:

> *Yo aborrezco sus fiestas religiosas; no me agradan sus cultos solemnes. Aunque me traigan holocaustos y ofrendas de cereal, no los aceptaré, ni prestaré atención a los sacrificios de comunión de novillos cebados. Aleja de mí el bullicio de tus canciones; no quiero oír la música de tus cítaras.*

Esto no quiere decir que Dios odie los sacrificios, las ofrendas, las festividades y la música. Desea todas estas cosas porque Él mismo las instituyó, pero cuando los instrumentos de adoración están contaminados con pecado, Dios los odia.

Él no quiere que usted peque, aun si eso hiciera más emocionante su testimonio, o demostrara Su gracia. Él nunca querrá al pecado. Sin embargo, no lo apartará del pecado, si es lo que usted escoge; es importante saber que Dios nunca tienta a alguien para que peque (Santiago 1:13). El pecado es el objeto de Su desagrado. Dios ama la santidad. El Salmo 11:7 dice: *Justo es el Señor, y ama la justicia; por eso los íntegros contemplarán su rostro.*

La Prueba de la Santidad de Dios

La santidad de Dios se hace visible de muchas maneras. Para empezar, se ve desde la creación del hombre. En Eclesiastés 7:29 leemos: *Tan sólo he hallado lo siguiente: que Dios hizo perfecto al género humano, pero éste se ha bus-*

cado demasiadas complicaciones. En otras palabras, cuando Dios hizo al hombre, lo hizo para reflejar Su santidad. El pecado fue la rebelión del hombre contra ese propósito.

Las marcas residuales de la santidad de Dios son aún evidentes en el hombre, a pesar de su pecado. El hombre tiene un sentido innato del bien y del mal. Aunque es imperfecto, ese entendimiento innato se manifiesta en la conciencia del hombre, su código de ética y su sentido de justicia. Romanos 2:15 describe la responsabilidad de los gentiles ante Dios: *Éstos muestran que llevan escrito en el corazón lo que la ley exige, como lo atestigua su conciencia, pues sus propios pensamientos algunas veces los acusan y otras veces los excusan.* Aun el hombre más villano y rebelde tiene, por lo menos, una estructura rudimentaria de justicia inherente en su conciencia.

Segundo, la santidad de Dios se ve en la ley moral. Una de las principales razones por las que instituyó la ley mediante Moisés fue para demostrar Su santidad. Cuando Dios estableció un estándar legal de moralidad, probó ser absolutamente justo, moral y santo. En Romanos 7:12, Pablo dice: *Concluimos, pues, que la ley es santa, y que el mandamiento es santo, justo y bueno.* Los aspectos morales de la ley dada a Moisés se reafirman en las enseñanzas del Nuevo Testamento.

La santidad de Dios se hace evidente en Su ley sacrificial aunque, normalmente, no la veamos de esa manera. Cuando vemos a Dios ordenando que los animales sean asesinados para sacrificios y que su sangre sea rociada alrededor, vemos una representación de que la muerte es el resultado del pecado. Cada vez que los judíos hacían un sacrificio, representaban la letalidad del pecado y por contraste declaraban la santidad de Dios.

De forma similar, la santidad de Dios también se ve en el juicio por el pecado. Cuando la Biblia habla en 2ª Tesalonicenses 1:7-8, acerca de la venida de Jesús en llamas de fuego y tomando venganza de aquellos que conocieron a Dios y no obedecieron el evangelio; y cuando en Judas 15, describe la condenación de los impíos, vemos cuánto Dios odia el pecado. Su juicio sobre el pecado es un reflejo de Su santidad: debe castigar el pecado porque Él es santo.

La demostración suprema de la santidad de Dios se ve en la cruz. Allí fue donde Dios llevó el pecado en la persona de Cristo y presentó la imagen más grandiosa de Su santidad, Su odio por el pecado y Su poder sobre éste. Dios es tan santo que tuvo que apartarse de Su propio Hijo mientras Él cargaba el pecado del hombre. Con la muerte del Hijo, se pagó el precio más alto y necesario para satisfacer la santidad de Dios.

Hebreos 9:26 hace una declaración maravillosa y misteriosa: *al final de los tiempos, se ha presentado una sola vez y para siempre a fin de acabar con el pecado mediante el sacrificio de sí mismo.* Dios, en Cristo, pagó el precio supremo de la muerte. Tuvo que llevar el pecado del hombre porque tenía que pagarse el precio, aunque le costó Su propia vida. Eso es santidad.

ADORAR, *La máxima prioridad*

Adorar al Señor en la Belleza de la Santidad

Una vida de adoración debe afirmar la santidad total de Dios. De hecho, un reconocimiento y entendimiento de la santidad de Dios es esencial para la adoración verdadera. El Salmo 96:2-6 nos dice:

> *Canten al* SEÑOR, *alaben su nombre; anuncien día tras día su victoria. Proclamen su gloria entre las naciones, sus maravillas entre todos los pueblos. ¡Grande es el* SEÑOR *y digno de alabanza, más temible que todos los dioses! Todos los dioses de las naciones no son nada, pero el* SEÑOR *ha creado los cielos. El esplendor y la majestad son sus heraldos; hay poder y belleza en su santuario.*

Este texto describe actos de adoración. El versículo 9 es la clave de la declaración: *Póstrense ante el* SEÑOR *en la majestad de su santuario; ¡tiemble delante de él toda la tierra!* La *majestad de su santuario* se refiere a la ropa espiritual de la santidad; *temblar delante de Él* implica temor. De hecho, la Biblia traduce ese versículo: *Póstrense ante el* SEÑOR *en la majestad de su santuario; ¡tiemble delante de él toda la tierra!*

Aquí vemos la frecuente relación que se hace en la Biblia entre la santidad de Dios y el temor por parte del adorador. Es un temor que crece a partir de un insoportable sentido de indignidad en la presencia de la santidad pura. Por ejemplo, en Génesis 18, Abraham confesó en la presencia de Dios que era polvo y ceniza. De forma similar,

Job dijo después de su peregrinación: *De oídas había oído hablar de ti, pero ahora te veo con mis propios ojos. Por tanto, me retracto de lo que he dicho, y me arrepiento en polvo y ceniza.* Esdras 9 registra el sentimiento de vergüenza de Esdras cuando se acercó al Señor para adorar. Habacuc vio a Dios revelado en medio de su prueba y sus circunstancias, y sus rodillas empezaron a temblar.

El Encuentro de Isaías con Dios

Isaías 6 describe la experiencia del profeta con la santidad de Dios. Uzías había sido rey de Judá por 52 años. Aunque era superficialmente efectivo: había protegido al país de sus enemigos, organizado un ejército formidable, reforzado sus defensas, generado una productividad económica y creado una gran seguridad contra las amenazas externas, por dentro la nación era corrupta, vil y desdichada. Adoraban a Dios superficialmente.

Como resultado, en el capítulo 5, Isaías pronunció media docena de maldiciones contra Judá. El pueblo tenía la ilusión de que las circunstancias mejorarían porque tenían un buen líder. Pero en el año 740 A.C., su líder murió de lepra cuando Dios le quitó la vida debido a su orgullo.

Cuando Uzías murió el sentimiento de seguridad de la nación se desvaneció e Isaías sintió una tremenda necesidad de entrar a la presencia de Dios. En Isaías 6:1, el profeta describe cómo vio al Señor sentado en un trono, alto y erguido. Allí, escuchó a los serafines dando voces entre sí una y otra vez en una respuesta antífona: *Santo, santo,*

santo es el Señor Todopoderoso; toda la tierra está llena de su gloria (v. 3). Su santidad lo llena todo.

Mientras Isaías estaba en adoración y percibía la santidad de Dios, los postes del lugar empezaron a moverse a la voz de aquellos ángeles que gritaban una y otra vez, y la casa se llenó de humo. Nos cuenta su respuesta en el versículo 5: *¡Ay de mí, que estoy perdido! Soy un hombre de labios impuros y vivo en medio de un pueblo de labios blasfemos, ¡y no obstante mis ojos han visto al Rey, al Señor Todopoderoso!*

Uno de los serafines voló y tocó la boca de Isaías con un carbón caliente como símbolo de limpieza. Cuando fue purificado y limpiado de esta manera, el Señor estaba listo para usarlo y él estaba disponible (v. 8).

Algunos podrían pensar que Isaías no tenía una buena imagen de sí mismo, que no estaba pensando de forma positiva y que no estaba afirmando sus fortalezas. Sin duda, ¡Isaías supo que tenía la mejor boca del mundo! ¡Era un profeta de Dios! Era el mejor hombre de la nación y aun así, se maldijo a sí mismo. ¿Por qué?

La respuesta es muy clara: *mis ojos han visto al Rey, al Señor Todopoderoso* (v. 5). Isaías había tenido una visión de Dios en Su santidad y estaba absolutamente conmocionado en lo profundo de su ser por su propia conciencia de pecado. Su corazón deseaba ser purificado.

¿Qué Pasa con el Temor a Dios?

Cuando vemos a Dios como santo, nuestra reacción instantánea y única es vernos como pecadores. Entre la santidad de Dios y el pecado del hombre hay una inmensa distancia. Hasta que el hombre no entienda la santidad de Dios no podrá conocer la profundidad de su propio pecado. Debemos sacudir nuestras propias raíces cuando nos comparamos con Él. Si no nos duele profundamente nuestro pecado, significa que aún no entendemos la santidad de Dios.

Sin tal visión de la santidad de Dios, no es posible la verdadera adoración, la cual no se entrega a Su majestad de forma improvisada e insensible; no de manera superficial e indiferente. La adoración es la vida que se experimenta en la presencia de un Dios infinitamente justo y omnipresente con total conciencia de Su santidad y con quebrantamiento por el pecado personal.

Puede que usted y yo no tengamos una visión de Dios como la que tuvo Isaías. Sin embargo, la lección es válida para nosotros: cuando entramos en la presencia de Dios, debemos verlo como Santo y nuestra conciencia de pecado y temor debe ser proporcional a nuestra experiencia en la presencia de Dios. Si nunca ha adorado a Dios con un espíritu contrito y quebrantado, nunca ha adorado a Dios completamente, porque esa es la única respuesta apropiada al entrar a la presencia del Dios Santo.

Mi sincera preocupación es que en nuestros días hay demasiada indiferencia con respecto a la santidad de Dios. Nuestra relación con Él se ha vuelto demasiado casual. En la mente moderna, Dios se ha vuelto casi humano, tan «buen amigo» que no comprendemos Su indignación santa contra el pecado. Si irrumpimos en Su presencia con vidas descuidadas, sin arrepentimiento, confesión y limpieza del Espíritu, somos vulnerables a Su reacción santa. Es sólo por Su gracia que respiramos cada vez, ¿no? Tiene muchas razones para quitarnos la vida, pues *la paga del pecado es muerte* (Romanos 6:23).

Hoy en día, hay demasiada «supuesta adoración» que no reconoce a Dios como santo, quedándose corta de una forma deplorable. Se cantan muchas canciones agradables, se expresan sentimientos satisfactorios, se piensan pensamientos deliciosos y se expresan emociones afables sin un reconocimiento de la santidad de Dios. Esta clase de adoración no conlleva a la relación en la adoración que vemos en la Biblia. Puede ser más psicológica que teológica, más carnal que espiritual.

La respuesta del verdadero adorador frente a la visión de Dios es que, así como Isaías, se siente abrumado por su propia condición de pecador y por lo tanto, es consumido por una sensación de terror santo. Hoy en día, las personas que afirman ver a Dios realmente, no deberían hacer fila para asistir al último programa de debate cristiano; deberían estar postradas en el suelo, lamentando su pecado.

Reverencia y Temor a Dios

Un adorador verdadero va a la presencia de Dios con temor saludable. Dios castiga el pecado, aun en aquellos que son redimidos. Y dice en Hebreos 12:6, *porque el* Señor *disciplina a los que ama, y azota a todo el que recibe como hijo.*

Hebreos 12:28 sigue diciendo: *Así que nosotros, que estamos recibiendo un reino inconmovible, seamos agradecidos. Inspirados por esta gratitud, adoremos a Dios como a él le agrada, con temor reverente.* La palabra para servicio es *latreuo*, una palabra para referirse a la adoración. El escritor está hablando acerca de adoración aceptable y menciona dos elementos: *reverencia* y *temor a Dios*. Observe la razón que da para tal adoración *porque nuestro "Dios es fuego consumidor"* (v. 29).

La *reverencia* implica una actitud positiva. Describe un sentido de asombro mientras percibimos la majestad de Dios. El *temor a Dios*, por otro lado, puede verse como un sentido de intimidación cuando vemos el poder y la santidad de Dios, quien *es fuego consumidor*. Esto se refiere a Su poder para destruir, Su reacción santa contra el pecado.

Entonces, la adoración verdadera me exige ser consciente de la santidad de Dios, de mi condición pecadora y de un deseo de limpieza. Esta es la esencia de una actitud apropiada para adorar. Permítame ilustrar el principio a partir de la vida de Cristo.

La Respuesta Frente a Jesús

Parece difícil para los cristianos de hoy alejarse de la idea de que Jesús era un ser pasivo, amable, manso y suave que caminó por el mundo haciendo sentir mejor a las personas. Realmente, cuando nuestro Señor estuvo aquí en la tierra, la gente le tenía miedo. Para las personas era insoportable estar cara a cara ante el Dios vivo encarnado.

De hecho, la reacción normal ante Jesús por parte de los creyentes y de los escépticos era sentir temor. Él traumatizó a las personas.

La misma presencia de Jesús era intimidante. Muchas cosas contribuían a esto. Su autoridad era evidente: *Cuando Jesús terminó de decir estas cosas, las multitudes se asombraron de su enseñanza, porque les enseñaba como quien tenía autoridad, y no como los maestros de la ley* (Mateo 7:28-29); Sus palabras eran únicas: *¡Nunca nadie ha hablado como ese hombre!* (Juan 7:46); Sus obras eran sin lugar a dudas, de Dios. El hombre ciego dijo: *Si este hombre no viniera de parte de Dios, no podría hacer nada* (Juan 9:33); Su sabiduría era sobrehumana: *Nadie pudo responderle ni una sola palabra, y desde ese día ninguno se atrevía a hacerle más preguntas* (Mateo 22:46); Su pureza era innegable: él dijo: *¿Quién de ustedes me puede probar que soy culpable de pecado?* (Juan 8:45); Su veracidad era incuestionable, Él retó a aquellos que lo juzgaban: *Si he dicho algo malo replicó Jesús, demuéstramelo* (Juan 18:23); Su poder era increíble: alimentó a la multitud, expulsó demonios y le habló a una higuera ocasionándole la muerte en el acto.

Aun cuando era un niño, los maestros se impresionaban cuando hablaba. Su conocimiento iba más allá del que pudiera tener cualquier persona que Su época hubiera conocido, y Juan 7:15 dice, *Los judíos se admiraban y decían: "¿De dónde sacó éste tantos conocimientos sin haber estudiado?"* Su independencia hacía que los líderes religiosos se sacudieran, los fariseos se escandalizaban porque no se lavaba antes de comer, Él desafiaba sus ceremonias. Su calma y confianza iban más allá de las que podía tener cualquier humano.

La presencia de Jesús suscitaba una sensación de temor en las personas, los intimidaba. Una de las razones por las que los fariseos querían deshacerse de Él era porque no podían manejar tal grado de intimidación.

Tal vez, las reacciones más destacadas provenían de aquellos que vieron la revelación resplandeciente de Su deidad. Sea que le hayan creído o no, la reacción fue la misma: estaban aterrados.

Aun los discípulos estaban atemorizados cuando se enfrentaron directamente a la verdad de que Él era Dios. En Marcos 4:37-41 leemos que mientras los discípulos cruzaban el lago en un bote con Jesús, se desató una tormenta y el bote empezó a hundirse. Los discípulos sintieron pánico y despertaron a Jesús, quien había estado durmiendo durante el trayecto. Él calmó la tormenta y los reprendió por su incredulidad; el versículo 41 nos dice que estaban extremadamente aterrados. Es mucho más aterrador enfrentar la santidad de Dios dentro del propio bote que tener una tormenta por fuera.

En el siguiente capítulo de Marcos, Jesús se encontró con un hombre que estaba poseído por una legión de demonios. Cuando Jesús envió a los demonios a una manada de cerdos, y éstos se lanzaron al lago y se ahogaron, las personas del pueblo salieron y le pidieron que abandonara el lugar (Marcos 5:17). No lo hicieron porque los cerdos les pertenecieran, o porque estuvieran pidiendo una compensación, sino porque estaban aterrados ante Su presencia santa. Conocieron a Dios en acción y no estuvieron dispuestos a confrontar su pecado ante Él.

Después, en Marcos 5, leemos que una multitud se reunió alrededor de Jesús. En la multitud había una mujer que había estado enferma por muchos años. Ella creía en su corazón que Cristo tenía tanto poder que sólo con tocar Su túnica, sería sana. Se metió entre la multitud y estiró el brazo de una forma débil, se aferró a Su ropa, y al instante fue sana.

Jesús dijo: *¿Quién me ha tocado la ropa?* El versículo 33 dice: *La mujer, sabiendo lo que le había sucedido, se acercó temblando de miedo y, arrojándose a sus pies, le confesó toda la verdad*, ella supo que estaba ante la presencia de Dios.

La palabra *temblor* se usa en la Septuaginta para describir el temblor del Monte Sinaí cuando Dios dio la ley. ¡La tierra realmente tembló! Estaba aterrada. De igual manera, un pecador en la presencia del Dios Santo debería sentirse así.

En Lucas 5, Pedro estaba pescando y no podía coger nada. El Señor se acercó y le dijo dónde debía echar las redes. Pedro lo hizo y la pesca fue tan abundante que no podía recoger las redes. Cuando finalmente recibió ayuda de otro bote para llevar la pesca, había tantos peces que los botes empezaron a hundirse. Esta fue una demostración de la deidad de Jesús a Pedro, quien *cayó de rodillas delante de Jesús y le dijo: ¡Apártate de mí, Señor; soy un pecador!* (v. 8). Todo lo que él pudo ver fue su condición pecadora cuando la confrontó con el poder y la presencia del Dios Santo.

El adorador verdadero se acerca en espíritu y está quebrantado por su condición pecadora. La vida de un adorador verdadero es una vida de contrición: es una vida que ve el pecado y lo confiesa continuamente (ver 1ª Juan 1:9). Al comienzo busca esconderse pero después elige ser limpiado.

La Gracia de Dios no Anula su Santidad

Tal vez hemos perdido el temor a Dios porque damos por sentada Su gracia. Al comienzo, Dios le dijo a Adán y a Eva: *pero del árbol del conocimiento del bien y del mal no deberás comer. El día que de él comas, ciertamente morirás* (Génesis 2:17). Comieron de él, pero no fueron fulminados ese día porque Dios les mostró gracia.

A lo largo de la Biblia vemos que Dios es misericordioso. La ley exige la muerte de los adúlteros, de los blasfemos y aun, de los niños rebeldes; no obstante, muchas personas en el Antiguo Testamento violaron las leyes de Dios sin sufrir la pena de muerte que prescribía la ley. David cometió adulterio, pero Dios no le quitó la vida, fue misericordioso.

Y continúa siendo misericordioso. Estamos vivos sólo porque Dios es compasivo. En lugar de aceptar la misericordia de Dios con gran agradecimiento y manteniendo la perspectiva de temer a Dios, empezamos a acostumbrarnos a ella. En consecuencia, cuando Dios castiga el pecado, pensamos que es injusto.

Las personas miran el Antiguo Testamento y cuestionan la bondad de Dios. Algunos han sugerido que no deberíamos enseñar la Biblia a los niños porque el Dios del que habla es demasiado violento. Preguntan: "¿por qué Dios les mandó a los israelitas que destruyeran a todas las personas que vivían en Canaán? ¿Qué clase de Dios extinguiría la vida de una persona sólo por tocar el Arca? ¿Qué tipo de Dios haría que un grupo de niños fuera destruido por burlarse de la calvicie de un profeta? ¿Qué clase de Dios abriría la tierra para que se tragara a las personas? ¿Qué tipo de Dios ahogaría al mundo entero?"

Estamos tan acostumbrados a la misericordia y a la gracia, que pensamos que Dios no tiene derecho a airarse por el pecado. Romanos 3:18 resume la actitud del mundo: *No hay temor de Dios delante de sus ojos.*

¿Sabía que Dios les quitó la vida a algunas personas en la Biblia? No lo hizo porque fueran más pecadores que los demás, sino porque en algún momento del largo proceso de la gracia y la misericordia, Dios tuvo que poner algunos ejemplos para hacer que los hombres temieran: convirtió a la esposa de Lot en una estatua de sal, no porque hubiera hecho algo peor que los demás, sino porque la tomó como ejemplo. 1ª Corintios 10 cita algunas personas del Antiguo Testamento que fueron destruidas y el versículo 11 dice: *Todo eso les sucedió para servir de ejemplo, y quedó escrito para advertencia nuestra.* La calle de la historia está pavimentada con la misericordia y la gracia de Dios, pero hay vallas a lo largo del camino puestas para que los hombres puedan saber que Dios tiene el derecho de quitarles la vida en cualquier momento.

Dios es misericordioso, pero no confunda Su misericordia con la justicia. No es injusto cuando actúa de una forma santa en contra del pecado. No se acostumbre demasiado a la misericordia y a la gracia, a tal punto que llegue a abusar de ella persistiendo en su pecado, o que cuestione a Dios cuando hace algo contra un pecador, sabiendo que tiene todo el derecho. No abuse de la gracia de Dios: también lo juzgará a usted, pero sepa esto: **Él es santo y debe ser temido.**

La Verdadera Pregunta

La pregunta no es por qué Dios juzga de forma drástica a algunos pecadores, sino por qué nos deja vivir a la mayoría. Él tiene todo el derecho de castigar el pecado porque *la paga del pecado es muerte* (Romanos 6:23). Lamentaciones 3:22 dice: *El gran amor del SEÑOR nunca se acaba, y su compasión jamás se agota.*

Sin embargo, la misericordia de Dios no implica que vaya a bendecir nuestro pecado. Muchos de nosotros hemos sido culpables de la misma clase de pecado de hipocresía, que Ananías y Safira, o nos hemos acercado a la mesa del Señor de una forma indigna, como aquellos que murieron en Corinto por su pecado, o hemos actuado de una forma mundana como la esposa de Lot, quien se convirtió en una estatua de sal. La verdadera pregunta no es por qué Dios los juzgó tan rápidamente y con tal severidad, sino por qué no ha hecho lo mismo con nosotros.

Una razón que explica la misericordia de Dios es que nos está conduciendo al arrepentimiento. Romanos 2:4 dice: *¿No ves que desprecias las riquezas de la bondad de Dios, de* *su tolerancia y de su paciencia, al no reconocer que su bondad quiere llevarte al arrepentimiento?* Dios, por Su misericordia y bondad hacia nosotros, a menudo nos lleva al punto en el que nos muestra Su amor por nosotros y nuestra necesidad de arrepentimiento.

Las crónicas de Narnia, una serie de libros para niños, escrita por C. S. Lewis, es un conjunto de textos fantásticos basados en las verdades del cristianismo. Aslan, el león dorado, representa a Cristo. Y en su descripción de ese león amoroso y feroz, Lewis ha dejado evidencia de que tenía un entendimiento sorprendente acerca del carácter de Cristo.

En una escena, unos castores parlantes le están describiendo cómo es Aslan a Lucy, Peter y Susan, quienes acaban de llegar al reino de Narnia. Antes de conocerlo, los niños hacen preguntas que muestran sus temores:

«¡Oh!», dijo Susan, «¡Pensé que era un hombre! ¿Es seguro? Ya me siento nerviosa de conocer a un león».

«Estarás segura, querida, te lo aseguro», dijo la señora Castor. «Si hay alguien que pueda presentarse ante Aslan sin que le tiemblen las rodillas, es porque es más valiente que todos, o simplemente es un tonto».

«¿Entonces el león no es seguro?», dijo Lucy.

«¿Seguro?», dijo el señor Castor. «¿No escuchaste lo que dijo la señora Castor? ¿Quién habló acerca de estar seguro? Por supuesto que no es seguro, pero es bueno. Es el Rey».[3]

Santo, Santo, Santo

Después de que los niños conocieron a Aslan, Lucy notó que sus patas eran potencialmente muy suaves o muy terribles. Si tenía las garras contraídas podían ser tan suaves como terciopelo pero si tenía las garras extendidas podían ser tan afiladas como cuchillos.

En el cristianismo moderno hemos olvidado esa verdad. Mientras le agradecemos por la verdad de Su gracia disfrutamos de la experiencia de Su amor, vamos negando la verdad de Su santidad. Eso implica olvidar el corazón de nuestra adoración.

Dios es un ser vivo, eterno, glorioso, misericordioso y santo. Sus adoradores deben acercarse con contrición, humildad y quebrantamiento de parte de los pecadores que se enfrentan a esa santidad. Y eso debería generar tal agradecimiento y gozo en nuestros corazones por el regalo de Su perdón, que nuestra adoración debería ser diferente.

Debemos vivir vidas de confesión, arrepentimiento y abandono de nuestro pecado para que nuestra adoración sea realmente agradable a Dios. No debemos atrevernos a acercarnos a Su presencia sin santidad; sólo podemos adorar a Dios de forma aceptable con reverencia y temor a Dios en la belleza de Su santidad. Debemos volver a la enseñanza bíblica de la santidad total e impresionante de Dios con el fin de estar llenos de gratitud y humildad, características de la adoración verdadera.

---

[3] C. S. Lewis. El león, la bruja y el armario (N.Y.: MacMillan, 1950). Pág. 75-76. Derechos de autor, 1950. Autorizados por el Consejo Directivo del patrimonio de C. S. Lewis, renovado en 1978 por Arthur Owen Barfield. Utilizado con permiso.

8
Capítulo

COMIENZA UN NUEVO TIEMPO

Al poner toda la gloriosa teología de la adoración en términos concisos y prácticos, nos encontramos con el relato de la conversación que tuvo Jesús con la mujer samaritana, registrado en el capítulo 4 del libro de Juan. Tenemos el privilegio de aprender acerca del significado de la adoración en boca de Aquel a quien adoramos.

Por lo menos, en este sencillo relato aparecen diez veces algunas formas de la palabra griega para «adoración» (*proskuneo*). De esta manera, la idea de la adoración domina el pasaje y, aunque es breve, contiene de forma embrionaria todos los elementos esenciales de la adoración: es la enseñanza más definitiva, más importante y más clara sobre el tema de la adoración en todo el Nuevo Testamento. Será nuestro centro a lo largo de algunos capítulos.

Ya hemos visto que la adoración no es simplemente una actividad que se incluye en nuestra programación en ciertos intervalos: más bien, la adoración es un compromiso para toda la vida, una respuesta que abarca todo delante del Dios santo, y sólo es posible para aquellos que han sido redimidos. Hemos sugerido una definición de adoración y examinamos su importancia, naturaleza y objeto. El relato en Juan 4 presenta todo esto y arroja más luz al respecto.

Una Cita Divina

Juan describe los eventos que condujeron a la conversación de Jesús con la mujer samaritana:

> *Se fue de Judea y volvió otra vez a Galilea. Como tenía que pasar por Samaria, llegó a un pueblo samaritano llamado Sicar, cerca del terreno que Jacob le había dado a su hijo José. Allí estaba el pozo de Jacob. Jesús, fatigado del camino, se sentó junto al pozo. Era cerca del mediodía. Sus discípulos habían ido al pueblo a comprar comida. En eso llegó a sacar agua una mujer de Samaria, y Jesús le dijo:*
>
> *—Dame un poco de agua.*
>
> *Pero como los judíos no usan nada en común con los samaritanos, la mujer le respondió:*
>
> *—¿Cómo se te ocurre pedirme agua, si tú eres judío y yo soy samaritana?* (Juan 4:3–10)

Aunque la ruta norte era la más común para ir a Galilea, Jesús tomó la ruta más inusual ya que, normalmente, los judíos recorrían muchas más millas para evitar a los samaritanos a quienes consideraban impuros.

Pero Jesús estaba en Samaria con un propósito específico. Su viaje no era accidental, sino que estaba planeado, fue ordenado por Dios. Tenía una cita divina con una mujer especial. Dios la estaba buscando para convertirla en una adoradora verdadera y envió a Jesús a traerla para tener una relación especial.

Una Casa Dividida

Realmente, los samaritanos, quienes eran descendientes que se habían mezclado, tenían sus raíces en la antigua nación de Israel. Las personas de esta tierra habían estado unidas durante el reinado de Saúl, David y Salomón. Cuando el reino se dividió, Judá, el reino el sur, se independizó. Finalmente, el reino del norte, Israel, fue juzgado por Dios, ya que era culpable de ser terriblemente malo. En el año 721 A.C., Israel fue derrotado por Sargón. La mayoría del pueblo fue llevado cautivo a Asiria, donde fue esclavo de este pueblo. Los pobres fueron los únicos a quienes se les permitió permanecer en la tierra (estaban en desventaja y si los asirios los recibían, debían hacerse cargo de ellos, por lo que fueron abandonados). Los extranjeros de alrededor, particularmente de Babilonia, empezaron a ubicarse en Israel y se casaron con los judíos que aun quedaban allí. La raza que surgió se conocía como samaritana, debido a la ciudad capital: Samaria. Ellos fueron despreciados profundamente por los judíos, ya que según ellos, habían «vendido sus derechos de nacimiento».

Su religión se volvió un híbrido entre el judaísmo y el paganismo. La historia indica que parecían querer mantener su herencia judía, incluso les rogaron a los judíos que enviaran un sacerdote para que les enseñara cuál era la adoración verdadera a Dios, pero su petición fue rechazada.

Así que fueron abandonados en su religión sincretista y la única alternativa que tuvieron fue establecer su propio lugar de adoración: construyeron un templo en el monte Gerizim y empezaron a adorar a su propia manera, aparte del judaísmo.

Esta situación duró hasta el año 128 A.C., cuando un gobernante macabeo, Juan Hircano, destruyó el templo de los samaritanos, el cual nunca se reconstruyó. Continuaron adorando en el Monte Gerizim, y hasta el día de hoy, aunque hay menos de 500 samaritanos sobre la faz de la tierra, se reúnen con regularidad en esta montaña vacía y realizan su adoración única, ceremonial y sacrificial, independiente de Jerusalén.

¿No es Éste el Cristo?

En los días de nuestro Señor, los samaritanos eran despreciados, subestimados, odiados por los judíos, quienes no tenían ningún tipo de relación con ellos, lo cual explica por qué la mujer samaritana se sorprendió cuando Jesús, un judío, se detuvo en el pozo y habló con ella:

> *Sus discípulos habían ido al pueblo a comprar comida. En eso llegó a sacar agua una mujer de Samaria, y Jesús le dijo:*
>
> *—Dame un poco de agua.*

Pero como los judíos no usan nada en común con los samaritanos, la mujer le respondió:

—¿Cómo se te ocurre pedirme agua, si tú eres judío y yo soy samaritana? — Si supieras lo que Dios puede dar, y conocieras al que te está pidiendo agua —contestó Jesús—, tú le habrías pedido a él, y él te habría dado agua que da vida.

—SEÑOR, ni siquiera tienes con qué sacar agua, y el pozo es muy hondo; ¿de dónde, pues, vas a sacar esa agua que da vida? ¿Acaso eres tú superior a nuestro padre Jacob, que nos dejó este pozo, del cual bebieron él, sus hijos y su ganado?

—Todo el que beba de esta agua volverá a tener sed —respondió Jesús—, pero el que beba del agua que yo le daré, no volverá a tener sed jamás, sino que dentro de él esa agua se convertirá en un manantial del que brotará vida eterna (Versículos del 7 al 14).

De esta forma, Jesús le ofreció el regalo de la vida eterna y debido a Sus afirmaciones despertó su curiosidad. La mujer pudo haberse sentido un poco confundida por lo que le estaba diciendo, pero sabía que se trataba de algo espiritualmente profundo. Ella entendió que Jesús no estaba hablando acerca de agua, en el sentido literal. Las personas de esa parte del mundo estaban acostumbradas a las parábolas. No era inusual, especialmente de parte de una maestro o un rabí, hablar en términos que connotaban un significado espiritual a partir del entorno y de las situaciones cotidianas. La respuesta de la mujer a Jesús, en los mismos términos de la analogía que Él emplea, se ve en el versículo 15: SEÑOR, *dame esa agua, para que no tenga yo sed ni venga aquí a sacarla.*

Después Jesús discernió su corazón diciéndole:

—*Ve a llamar a tu esposo, y vuelve acá*– *le dijo Jesús.*

—*No tengo esposo*– *respondió la mujer.*

—*Bien has dicho que no tienes esposo. Es cierto que has tenido cinco, y el que ahora tienes no es tu esposo. En esto has dicho la verdad.*

—SEÑOR, *me doy cuenta de que tú eres profeta (v. 16–19).*

Si tenía alguna pregunta acerca de si Él era un hombre de Dios, seguro se desvaneció después de esa asombrosa revelación. Su respuesta se registra en el versículo 19: SEÑOR, *me parece que tu eres profeta.* La mujer vio la omnisciencia de Cristo en acción, no podía haber otra explicación al hecho de que un extranjero tuviera tal conocimiento.

Aunque los samaritanos aceptaban sólo el Pentateuco como la revelación de Dios, en éste había suficientes verdades acerca del Mesías que los guiaban hacia Él. El poder de la persona de Jesús debe haber hecho que la mujer lo viera por lo que Él era, para que después les hubiera hablado a los hombres de la ciudad.

—*Vengan a ver a un hombre que me ha dicho todo lo que he hecho. ¿No será éste el Cristo?* (Juan 4:29).

Jesús había apartado el pecado de la vida de la mujer y eso la llevó a considerar seriamente si Él podría ser el Mesías. Ella percibió Su condición sobrenatural por dos razones: primero, le trajo un mensaje basado en una verdad espiritual; y segundo, sabía que era humanamente imposible saber lo que Él sabía. Tenía un mensaje y una percepción divina.

Al reconocer que Jesús era enviado por Dios, le hizo la pregunta religiosa más pertinente:

> *Nuestros antepasados adoraron en este monte, pero ustedes los judíos dicen que el lugar donde debemos adorar está en Jerusalén* (v. 20)

En otras palabras: «Quién tiene la razón, ¿los judíos o los samaritanos? ¿Cuál es la forma apropiada de adorar?»

> *—Créeme, mujer, que se acerca la hora en que ni en este monte ni en Jerusalén adorarán ustedes al Padre. Ahora ustedes adoran lo que no conocen; nosotros adoramos lo que conocemos, porque la salvación proviene de los judíos. Pero se acerca la hora, y ha llegado ya, en que los verdaderos adoradores rendirán culto al Padre en espíritu y en verdad, porque así quiere el Padre que sean los que le adoren. Dios es espíritu, y quienes lo adoran deben hacerlo en espíritu y en verdad* (Versículos del 21 al 24).

Detrás de su pregunta, había algo más que sólo curiosidad teológica. La mujer parecía tener un deseo genuino de conocer y experimentar el perdón de Dios, la gracia limpiadora para su pecado, pero no sabía dónde hallarlo. Así como muchos, ella asociaba a la adoración con un lugar.

Cada uno Hizo lo que le Parecía Bien, Según Su Opinión

La confusión de la mujer era comprensible, ya que vivía en medio de dos sistemas de adoración completamente diferentes y ninguno parecía ofrecerle la clase de vida espiritual satisfactoria de la que estaba hablando Jesús. La adoración judía era altamente ritualizada, se desarrollaba de acuerdo con una liturgia estricta, reglas tradicionales y bíblicas muy firmes acerca de cómo, cuándo y con quién debería hacerse. La adoración samaritana, por el otro lado, no era tan elaborada, adornada o sofisticada.

La respuesta de Jesús debió haberla aturdido porque le estaba dando a entender que ambos grupos estaban ofreciendo adoración inaceptable. Como vemos en el capítulo 11, tanto los judíos como los samaritanos eran culpables de ofrecer adoración superficial, indiferente y a su manera; no de acuerdo con la voluntad de Dios.

Jesús le dijo a la mujer que los modos de adoración judía y samaritana debían ser eliminados totalmente a favor del método divino de adoración genuina y espiritual: —*Créeme, mujer, que se acerca la hora en que ni en este monte ni en Jerusalén adorarán ustedes al Padre (...)Pero se acerca la hora, y ha llegado ya, en que los verdaderos adoradores rendirán culto al Padre en espíritu y en verdad* (Versículos 21 al 23).

Algo Antiguo, Algo Nuevo

La declaración de Jesús podría interpretarse de varias maneras. Jesús pudo haber predicho la conversión de la mujer, al decir: «estás a punto de tener una relación con Dios a través de Mí, la cual va a hacer que no tengas que adorar a Dios en ningún lugar, sino en tu corazón». Y ciertamente, esto se incluía en lo que Jesús quería decir.

Pero visto desde el significado más amplio posible, las palabras de Jesús querían decir: «haré un trabajo de redención en la cruz del Calvario, el cual eliminará de todos los adoradores verdaderos todo lo que de alguna manera esté relacionado con el Antiguo Pacto, sea genuino o falso».

El punto es que la finalización de los sistemas ceremoniales de adoración antiguos se manifestaría muy pronto para ella y para cualquier otro. Jesús dijo en el versículo 23: *Pero se acerca la hora, y ha llegado ya*. Esas son palabras fascinantes. Básicamente, Jesús estaba diciendo: «estoy en medio de la transición: en una mano, tengo el Antiguo Pacto y en la otra, el Nuevo. La hora ha llegado (y es justo aquí porque estoy aquí) cuando el sistema de ley, sacrificio y ritual actual se acaban y llega el Nuevo Pacto». Estaba prediciendo con claridad el final del sistema ceremonial externo.

El final del Antiguo Pacto sucedió, tal como Jesús lo prometió. Dios lo realizó mediante un gran suceso ocurrido cuando Jesús murió en la cruz: el velo del templo se rasgó de arriba hacia abajo, dando a entender que Dios había puesto fin al sistema completo. El Santo de santos se estaba revelando, el acceso a Dios estaba abierto para todos. Las sombras dieron espacio a la sustancia (ver Colosenses 2:17). Y sólo para asegurarse de que nadie estuviera confundido sobre el estatus del sistema antiguo, en el año 70 D.C., Dios permitió que Jerusalén y el templo fueran destruidos. Nunca se ha reconstruido.

El libro de Hebreos en el Nuevo Testamento nos dice que debido a lo que Cristo ha hecho, tenemos una nueva clase de adoración. Hebreos 10:19-20 dice: *Así que, hermanos, mediante la sangre de Jesús, tenemos plena libertad para entrar en el Lugar Santísimo,* **por el camino nuevo y vivo** *que él nos ha abierto a través de la cortina, es decir, a través de su cuerpo* (Énfasis del autor).

El tema central de Hebreos 10 es la insuficiencia del sistema del Antiguo Pacto. El versículo 4 dice: *ya que es imposible que la sangre de los toros y de los machos cabríos quite los pecados.* El sistema sacrificial no podía quitar los pecados de forma definitiva. Sus ofrendas eran símbolos temporales y se repetían constantemente. El versículo 11 describe el problema:

> *Todo sacerdote celebra el culto día tras día ofreciendo repetidas veces los mismos sacrificios, que nunca pueden quitar los pecados.*

Qué contraste vemos con la obra de Jesucristo: *Pero este sacerdote, después de ofrecer por los pecados un solo sacrificio para siempre, se sentó a la derecha de Dios* (v. 12). Se sentó porque terminó Su trabajo redentor.

Porque con un solo sacrificio ha hecho perfectos para siempre a los que está santificando. También el Espíritu Santo nos da testimonio de ello. Primero dice: "Éste es el pacto que haré con ellos después de aquel tiempo —dice el Señor—: Pondré mis leyes en su corazón, y las escribiré en su mente". Después añade: "Y nunca más me acordaré de sus pecados y maldades". Y cuando éstos han sido perdonados, ya no hace falta otro sacrificio por el pecado (Versículos del 14 al 18).

Entonces, el sistema sacrificial terminó cuando Cristo murió porque perfeccionó todo. El sistema ceremonial, con sus sacrificios, observancias y adoración ritual se abolió para siempre.

¿Qué Pasó con el Sabbat?

Ya no se hacen sacrificios pero aún hay algunos que enseñan que deberíamos guardar el séptimo día de la semana como el Sabbat. Dicen que la adoración aceptable no es posible para quienes no guardan el sábado. Esto contradice la clara enseñanza presentada en este pasaje y en otros de la Palabra de Dios.

Es cierto que bajo el Antiguo Pacto en Israel toda la adoración giraba alrededor del Sabbat. El calendario judío funcionaba en ciclos de siete y todos los días de la adoración, todas las grandes fiestas, festivales y celebraciones se vinculaban con el concepto del Sabbat.

Había varias clases de Sabbat, pero todos tenían un propósito: el cese del trabajo para adorar a Dios. Levítico 23:3 describe el Sabbat semanal: *Trabajarán ustedes durante seis días, pero el séptimo día es de reposo, es un día de fiesta solemne en mi honor, en el que no harán ningún trabajo. Dondequiera que ustedes vivan, será sábado consagrado al Señor*. El resto del capítulo describe las muchas otras fiestas y celebraciones realizadas en el Sabbat; en cada una se hacía una convocatoria santa a un tiempo sagrado en el que el pueblo de Dios se reunía a adorar.

En Levítico 25, Dios esboza las instrucciones para las observancias de otras dos clases de Sabbat: el año sabático, el cual debía guardarse cada séptimo año, cuando los campos no se sembraban y las personas se concentraban en adorar a Dios durante el año; y el año de jubileo, el cual debía darse cada 49 años; es decir, en el año 50 luego de siete veces siete años sabáticos. En el año de jubileo, la observancia del último Sabbat venía en el mes séptimo, en el Día de la Expiación. Ese día sonaba la trompeta y todos los esclavos, prisioneros y refugiados eran liberados, la propiedad comprada se devolvía a su dueño original y cada uno volvía a su propia familia.

Los conceptos fundamentales detrás de cada Sabbat eran el descanso y la adoración. El Sabbat semanal era un descanso para las personas de sus trabajos diarios y un tiempo para enfocarse en Dios. Las fiestas sabáticas eran celebraciones santas que se guardaban para adorar y reflexionar sobre los asuntos de Dios. El Sabbat del séptimo año permitía que los campos descansaran durante un año; el año de jubileo liberaba a los esclavos y cautivos, y daba descanso y motivos de celebración a todos.

El propósito del Sabbat era meramente simbólico. De la misma manera que el sistema sacrificial (con todos sus corderos impecables, bueyes asesinados y sacrificios de sangre) simbolizaba la expiación que Cristo hizo en la cruz, el sistema del Sabbat simbolizaba el descanso y la adoración verdaderos que el pueblo de Dios hallaría mediante el Mesías. El sistema del Sabbat señalaba un tiempo en el que el pueblo de Dios se unía en un llamamiento santo, una liberación espiritual de los cautivos, una liberación física de los esclavos y un cese verdadero del trabajo; se anhelaba la llegada del Nuevo Pacto.

El mismo Jesús anunció la llegada de esta verdad. En Lucas 4, leemos que fue a la sinagoga durante un Sabbat, tomó el rollo y leyó:

El Espíritu del SEÑOR *está sobre mí, por cuanto me ha ungido para anunciar buenas nuevas a los pobres. Me ha enviado a proclamar libertad a los cautivos y dar vista a los ciegos, a poner en libertad a los oprimidos, a pregonar el año del favor del* SEÑOR (versículos 18 y 19).

El lenguaje en este pasaje de Isaías es exactamente igual al que Moisés prescribió para el Sabbat del Día de la Expiación durante el año de jubileo (Levítico 25:10). Cuando Jesús leyó gran parte del pasaje:

Luego enrolló el libro, se lo devolvió al ayudante y se sentó. Todos los que estaban en la sinagoga lo miraban detenidamente, y él comenzó a hablarles: "Hoy se cumple esta Escritura en presencia de ustedes" (Versículos 20 y 21).

En otras palabras, Jesús mismo afirmaba ser el cumplimiento de todo lo simbolizado en el año de jubileo. Fue un momento grandioso en la historia de la redención.

Proclamó: *Vengan a mí todos ustedes que están cansados y agobiados, y yo les daré descanso* (Mateo 11:28). Era una oferta para acatar el descanso del Sabbat. Él es el cumplimiento de todo lo representado por los Sabbat; no necesitamos la representación si tenemos la realidad. Los Sabbat no eran más que una parte del Nuevo Pacto, tal como los sacrificios de los animales.

Esta es la razón por la que Jesús se sintió libre de quebrantar todas las ordenanzas del Sabbat de los judíos. Si Él quería viajar un Sabbat, viajaba; durante un Sabbat arrancaba maíz y se lo comía; sanó en un Sabbat y lo hizo abiertamente, aun sabiendo que esto generaría una confrontación. De hecho, reafirmó su señorío en medio del sistema sabático entero y no tuvo temor de ignorar las reglas y regulaciones de los judíos. ¿Por qué lo hizo? Cristo era la esencia, el Sabbat era una sombra de Él.

Pablo llega a esa conclusión en Colosenses 2:16–17:

Así que nadie los juzgue a ustedes por lo que comen o beben, o con respecto a días de fiesta religiosa, de luna nueva o de reposo. Todo esto es una sombra de las cosas que están por venir; la realidad se halla en Cristo.

Adoramos bajo un nuevo sistema, no por la vía de la muerte del sacrificio animal ni por la vía del Sabbat y las ceremonias, sino *por el camino nuevo y vivo que él nos ha abierto a través de la cortina, es decir, a través de su cuerpo; y tenemos además un gran sacerdote al frente de la familia de Dios* (Hebreos 10:20–21). Las ceremonias externas, las formas y los días especiales ya no nos amarran. Esta maravillosa verdad se resaltó en las elocuentes palabras de nuestro Señor, cuando le respondió a la mujer samaritana (ver también Romanos 14:5–6).

No han Cambiado Muchas Cosas

Hoy vivimos bajo el Nuevo Pacto. Pero, ¿la adoración de hoy es mejor que la encontrada por Jesús en Su primera venida? Si apareciera en escena hoy, me pregunto: ¿qué diría acerca de la adoración moderna que se dice hacer en Su nombre?

En su libro *Adoración*, A. P. Gibbs describe la adoración falsa y celestialmente ritualista de muchas iglesias contemporáneas:

> Mucha de la llamada "adoración pública" en la cristiandad, es simplemente una forma del judaísmo cristianizado y, en algunos casos, apenas es paganismo disfrazado... en el judaísmo, había una casta sacerdotal separada, era la única que podía

dirigir la adoración de Israel; en la cristiandad, es fundamental un sacerdocio artificial llamado "el clero" para la adoración, –en lugar de la enseñanza sencilla del Nuevo Testamento en la que todos los creyentes son sacerdotes–. Los sacerdotes del judaísmo vestían un traje distintivo y el clero también lo hace. El judaísmo hacía énfasis en un santuario terrenal, o construcción; la cristiandad le da mucha importancia a sus "lugares de adoración" consagrados y llama equivocadamente al edificio "una iglesia" y se refiere a ésta como "la casa de Dios". Los sacerdotes judíos tenían un altar en el que ofrecían sacrificios a Dios; la cristiandad ha erigido "altares" en esas construcciones decoradas, en los cuales se prenden velas y se ofrece incienso y, en muchos casos, se guarda agua, ¡la cual se concibe como la sangre de Cristo! Es duro, pero necesario, decir que toda esta imitación del judaísmo es absolutamente extraña a la enseñanza del Nuevo Testamento.

De esta manera, la cristiandad ha iniciado su propio sacerdocio especialmente educado y ordenado, cuya presencia es indispensable para "administrar los sacramentos". Estos hombres, vestidos con trajes preciosos, al interior de un "santuario" acordonado, se paran frente a un altar sin sangre, con un fondo de velas prendidas, cruces y humo de incienso, y dirigen la adoración de los laicos. Con el uso de un ritual preparado de forma elaborada, oraciones estereotipadas y respuestas de

Comienza un nuevo tiempo

los asistentes, el servicio completo avanza en calma y con precisión mecánica. Es una maravilla de la invención humana y de la ingenuidad, con un indudable atractivo estético, pero es un sustituto terrible y lamentable de la adoración espiritual, la cual nuestro Señor declaró que Su Padre buscaba en Sus hijos redimidos.[4]

Si nuestro Señor viniera hoy, denunciaría la clase de adoración ritualista. Reprendería a los que guardan el Sabbat; también, cuestionaría la adoración menos formal de muchas iglesias evangélicas, no por ritualista, sino porque a menudo es externa, superficial, ofrecida con ignorancia o con la motivación equivocada y por lo tanto, inaceptable.

Cristo permitió el paso a un nuevo tiempo de adoración verdadera; adoración que no se centra en lo externo o lo simbólico, sino en lo interno y genuino. Esto es lo que busca el Padre y es lo que el Hijo demanda. Cualquier expresión que no sea así, se queda corta.

---
[4] A. P. Gibbs. Adoración (Kansas: Walterick, s.f. Pág. 97-98)

9
Capítulo

ÉSTE DEBE SER EL LUGAR

Seguramente cuando Jesús le decía algo a alguien, cara a cara, resultaba difícil evadirlo. La mujer en el pozo fue afectada de forma visible al comprender que Jesús conocía su pecado; le remordió la conciencia, su alma fue atravesada y fue desenmascarada como adúltera. Sabía que había quebrantado la ley y que era una extraña a las cosas de Dios.

En lugar de seguir con su vida pecaminosa, la respuesta de la mujer frente a Cristo demostró que tenía un corazón dispuesto; cuando se dio cuenta de que estaba separada de la verdad, de la vida y de la justicia, en su corazón y mente nacieron realmente la verdad, la vida y la justicia por medio de Jesús. Sintió el profundo peso de la convicción y su reacción inmediata frente a las palabras del Mesías fue un deseo de actuar correctamente. Su primer pensamiento tenía que ver con la adoración a Dios, por eso le pidió a Jesús que le dijera dónde debía ofrecerla, si en el Monte Gerizim o en Jerusalén. Los judíos estaban en Jerusalén adorando a su manera y los samaritanos adoraban en Gerizim a la suya. ¿Cuál de los dos lo estaba haciendo bien?

Como he explicado previamente, la confusión de la mujer creció debido a la perspectiva superficial de la sociedad en la que vivía, la cual la llevaba a creer que la adoración es algo que se hacía en un lugar y un tiempo determinado, de una forma ritualista. Ella no estaba segura de cuál era el lugar correcto, así que le preguntó a Jesús, quien le dijo que pronto no habría un «justo aquí» o «justo allá». La adoración no es una actividad confinada a un lugar, tiempo o forma específica.

¿Qué Pasa con el Templo?

La respuesta de Jesús suscita algunas preguntas. Primero, si el lugar de adoración no debe preocuparnos para nada, ¿cuál era el propósito del templo? Si la adoración no debe ser confinada a un lugar, ¿por qué se construyó un lugar de adoración? Y, ¿por qué hoy adoramos en una iglesia construida?

Hay una realidad que hemos visto claramente a partir de las palabras de Jesús: el sistema antiguo ha muerto. El lugar de adoración no es el Monte Gerizim, ni el templo en Jerusalén; se acabaron los rituales ceremoniales y las observancias antiguas; hoy no hay lugar para un sacerdocio elitista, un altar, montones de sacrificios, velas prendidas o humo de incienso. Estos requisitos han sido conservados por el judaísmo y el paganismo mediante pactos, ignorando la forma nueva y viviente y el sacerdocio de todos los creyentes.

Es fundamental entender que el templo era solo un símbolo espacial para estimular a la adoración como una forma de vida. Si esto no se comprende, se pierde todo el propósito del templo. Los templos son símbolos, no verdades, al igual que los sacrificios y el sistema sabático. La mujer necesitaba entender eso y nosotros también.

Templos Vivos

¿Cuál es la nueva verdad que reemplaza al templo del Antiguo Testamento? Pablo escribió al respecto a la iglesia de Corinto: *¿Acaso no saben que su cuerpo es templo del Espíritu Santo, quien está en ustedes y al que han recibido de parte de Dios? Ustedes no son sus propios dueños* (1ª Corintios 6:19). Cada creyente es un templo vivo que respira en el que habita Dios. Esto quiere decir que los creyentes pueden adorar en cualquier lugar y a cualquier hora porque Dios está con ellos todo el tiempo. Un cristiano puede adorarlo en la playa, en las montañas, manejando, sentado debajo de un árbol, caminando por el bosque, corriendo por el pueblo, sentado en la sala, en el salón de la iglesia o en cualquier lugar, bajo cualquier circunstancia o condición. La esfera de la adoración es ilimitada.

En Hebreos 10:19, después de aquellas hermosas declaraciones acerca de la ofrenda de Cristo Jesús, la cual nos santifica una vez y para siempre, y acerca del Nuevo Pacto, el cual nos permite acceder a Dios, leemos estas palabras: *así que, hermanos, tenemos libertad para entrar en el Lugar santísimo por la sangre de Jesucristo.*

Esta es la suprema realidad de la adoración: Dios nos permite entrar ante el Santo de santos mediante la sangre de Jesucristo. Tal cosa no pudo ser posible para quienes vivieron bajo el antiguo Pacto; ellos adoraron a Dios a la distancia.

Usted, que cree en el Nuevo Pacto, ha sido acercado por Dios y a Dios para siempre. Cristo fue a la cruz y se ofreció a Sí mismo con el fin de darle acceso a la adoración a Dios de forma gratuita, para traerlo ante el Santo de santos. La invitación siempre está abierta, tal como lo señaló el escritor de Hebreos: *Acerquémonos, pues, a Dios con corazón sincero y con la plena seguridad que da la fe, interiormente purificados de una conciencia culpable y exteriormente lavados con agua pura* (Hebreos 10:22). Santiago hizo eco a esta verdad cuando escribió: *Acérquense a Dios, y él se acercará a ustedes. ¡Pecadores, límpiense las manos! ¡Ustedes los inconstantes, purifiquen su corazón!* (Santiago 4:8).

Hemos sido salvos para que se abra el camino hacia Dios. Podemos acercarnos al Santo de santos y llegar con un corazón honesto, sabiendo que somos bienvenidos mediante un camino nuevo y viviente, en cualquier momento, a cualquier hora.

Entonces, en cierto sentido, no tenemos que ir a un salón de reunión de una iglesia para adorar a Dios. Sin embargo, hay otra dimensión acerca de esto.

Una Comunidad de Adoración

Hebreos 10 continúa diciendo: *Preocupémonos los unos por los otros, a fin de estimularnos al amor y a las buenas obras. No dejemos de congregarnos, como acostumbran hacerlo algunos, sino animémonos unos a otros, y con mayor razón ahora que vemos que aquel día se acerca* (Versículos 24 y 25). Como creyentes, debemos reunirnos para estimularnos al amor (para compartir) y a las buenas obras (para hacer el bien). Recuerde que estas actividades constituyen la adoración (ver capítulo 2).

Aunque adorar a Dios no es un asunto geográfico, no excluye la adoración congregacional, (no quiere decir que una construcción no pueda designarse especialmente para adorar). De hecho, aun bajo el Nuevo Pacto, Dios tiene un templo, aparte del templo de nuestros cuerpos individuales, donde se encuentra con Su pueblo; es una construcción muy especial. Pablo la describe en Efesios 2:19–20:

> *Por lo tanto, ustedes ya no son extraños ni extranjeros, sino conciudadanos de los santos y miembros de la familia de Dios, edificados sobre el fundamento de los apóstoles y los profetas, siendo Cristo Jesús mismo la piedra angular.*

Todos los creyentes están unidos como conciudadanos en el reino de la luz; todos los que conocen a Cristo pertenecen a la casa de Dios. La iglesia es la familia, unida por la ciudadanía y la vida en común. Pero hay más. Como creyentes, somos una construcción erigida sobre los fundamentos de los apóstoles y los profetas, y Jesucristo mismo es la piedra angular. Somos un templo, hechos a la medida y en constante crecimiento, somos el lugar en el que habita Dios a través de Su Espíritu.

Lo anterior no niega la verdad de que el cuerpo de cada creyente es también el templo del Espíritu Santo. Pero en un sentido más amplio, la reunión viviente de los santos redimidos se convierte en el templo más grande de Dios en el Espíritu Santo. En 1ª Corintios 6:19, cuando Pablo se refirió a los creyentes como templos, tenía en mente a los creyentes individuales, pero tres capítulos atrás, en 1ª Corintios 3:16, dice: *¿No saben que ustedes son templo de Dios y que el Espíritu de Dios habita en ustedes?* El pronombre personal *ustedes* habla en un sentido colectivo acerca de la comunidad de santos como el lugar en el que Dios habita.

2ª Corintios 6:16 dice: *Como él ha dicho: "Viviré con ellos y caminaré entre ellos. Yo seré su Dios, y ellos serán mi pueblo"*. Él se mueve en medio de la comunidad de santos cuando la iglesia se reúne; éste es el único lugar donde Dios habita de una forma más auténtica que en los edificios simbólicos del Antiguo Testamento, un templo que Dios bendice con Su hermosa presencia.

1ª Pedro 2:5 dice: *también ustedes son como piedras vivas, con las cuales se está edificando una casa espiritual. De este modo llegan a ser un sacerdocio santo, para ofrecer sacrificios espirituales que Dios acepta por medio de Jesucristo.* Esta es una descripción de lo que es la adoración. La iglesia no es una construcción hecha de piedra, es una construcción hecha de carne viva. Nosotros los creyentes somos piedras vivas en el templo de Dios y cuando nos reunimos, constituimos un lugar de adoración donde Dios Se manifiesta en formas que no Se logran cuando estamos solos.

Los creyentes nos volvemos el templo viviente de Dios al ofrecerle sacrificios espirituales que no se presentan en otro lugar distinto a la reunión de la iglesia redimida.

No es un Estilo, Sino lo Esencial

La adoración colectiva no es lo que la mayoría de personas piensan que es. Muchos piensan que la adoración en la iglesia es una actividad formal que se realiza una vez a la semana. A menudo, la adoración es vista desde la forma o el estilo, en lugar de verla desde lo esencial. Sin embargo, lo que es verdadero en nuestras vidas individuales bajo el Nuevo Pacto también es verdadero para la reunión colectiva de creyentes: la adoración no es una actividad externa.

Tampoco se estimula a adorar mediante trucos. Las personas me han sugerido que coloque letreros alrededor del edificio de nuestra iglesia que digan: «Silencio» o «haga silencio en el lugar de adoración». Algunas iglesias agregan una noticia en el boletín, diciéndoles a las personas que no hablen cuando ingresen al lugar, y supongo que algunas le han puesto campanas al vestido del pastor para que cuando entre al servicio, como el sacerdote de tiempos antiguos, y se pueda escuchar el tintineo para saber que es tiempo de volverse santo.

Esto no tiene nada que ver con la adoración verdadera. La adoración no se potencia con métodos artificiales. Si usted siente que debe formalizar un ritual o debe escuchar cierta clase de música para crear un ambiente de adoración, lo que hace no es adoración. La música y la liturgia pueden ayudar a expresar la adoración del corazón, pero no pueden hacer que un corazón que no adora se convierta en uno que sí lo hace. El peligro es que a un corazón que no adora se le puede hacer creer que ha adorado.

Así que el factor determinante en la iglesia no es la forma de la adoración sino el estado del corazón de los santos. Si nuestra adoración colectiva no es la expresión de nuestras vidas individuales de adoración, ésta es inaceptable. Si piensa que puede vivir de cualquier forma y después ir a la iglesia un domingo en la mañana para unirse a la adoración de los santos, está equivocado.

La adoración no sucede en el vacío. Como creyentes, somos responsables ante el resto de la iglesia de mantener un estilo de vida coherente con la adoración aceptable y genuina. Nuestra falla al hacerlo de la manera contraria es que afectamos al resto del Cuerpo de Cristo; así como el pecado de Acán tuvo efectos desastrosos en toda la nación de Israel. Lo que hacemos a lo largo de la semana afecta a los miembros de la iglesia con quienes adoramos el domingo.

Adorar es Dar

La reunión constante de los santos es un elemento fundamental en la forma nueva y viviente de adorar. Cuando la asamblea redimida tiene corazones que rebosan de alabanza, cultivados mediante estilos de vida de adoración pura y aceptable, toda la congregación se estimula a adorar a Dios. Debe haber un estallido, un derramamiento de alabanza verdadera y adoración sincera porque lo que se ha gozado individualmente, se expresa, después se enriquece y se aumenta cuando se trae ese gozo a la reunión. Los resultados son poderosos.

¿Por qué va a la iglesia? Cuando se encuentra con los santos, ¿realmente es para adorar? O, ¿va a la iglesia por lo que puede obtener a cambio? ¿Sale examinando al director de alabanza, analizando el coro y criticando el mensaje?

Hemos estado condicionados durante mucho tiempo a pensar que la iglesia es para nuestra entretención, cuando esto no es así. Søren Kierkegaard dijo: «las personas tienen la idea de que el predicador es un actor en escena y que ellos son los críticos; lo culpan o lo alaban. Lo que no saben es que ellos son los actores protagonistas: el pastor solamente es quien apunta parado detrás de bambalinas, recordándoles las líneas olvidadas de la Palabra de Dios». ¡Y Dios es el espectador!

No es inusual escuchar a alguien decir: «No entendí nada en la iglesia». Mi pregunta es: ¿qué le dio usted a Dios? ¿Su corazón estaba preparado para dar?

Si usted va a la iglesia con el pensamiento egoísta de buscar una bendición, ha perdido el propósito de la adoración. Vamos a darle gloria a Dios, no a ser bendecidos. Una comprensión de esto afecta la forma en que critica la experiencia en la iglesia. El asunto no es si obtuvimos algo, es si le dimos gloria a Dios con nuestro corazón. Teniendo en cuenta que la bendición proviene de Dios, en respuesta a la adoración, piense que si usted no es bendecido, no es por la música o la predicación pobre (aunque en ocasiones, pueden ser obstáculos insuperables), sino porque tiene un corazón egoísta que no le da la gloria a Dios.

Simbiosis

Aunque la adoración genuina es intensamente personal, no tiene nada que ver con el egocentrismo. Si los creyentes quieren mantener un estilo de vida consecuente de adoración constante necesitan el compañerismo y el ánimo de otros creyentes cuando se reúnen para la adoración grupal. La adoración individual y la colectiva nos alimentan a todos. Así que, por un lado, necesito el compañerismo con los santos y, por el otro, la comunidad de santos necesita que yo viva una vida de adoración consecuente.

La fuente de la mayoría de problemas que tienen las personas en sus vidas cristianas está relacionada con dos prácticas: o no están adorando durante los otros seis días de la semana, o no están adorando una vez a la semana con la asamblea de los santos. Necesitamos las dos.

Si va a la iglesia sólo cuando le conviene, nunca será un cristiano victorioso y productivo. No puede triunfar por su propia cuenta: necesita tener la comunión espiritual de los hermanos creyentes. Vivimos en una sociedad tan casual e indiferente que las personas no asumen compromisos de forma consecuente y fiel. Y después se preguntan por qué fallan. La respuesta es sencilla: el éxito espiritual requiere de un compromiso con los demás.

No necesitamos sacrificios, ni tampoco sacerdotes. El sacrifico se ofreció una vez y para siempre. Tenemos acceso inmediato a Dios, pero necesitamos a las piedras vivas que nos rodean y que constituyen la habitación del Dios viviente; es decir, necesitamos a los miembros del cuerpo de Cristo.

Un pastor fue a ver a un hombre que no asistía a la iglesia con mucha frecuencia. Estaba sentado frente al fuego, mirando el cálido resplandor del carbón. Era un día frío de invierno, pero los carbones estaban rojos y el fuego calentaba el recinto. El pastor le pidió al hombre que se comprometiera a reunirse con el pueblo de Dios, pero él no parecía comprender el mensaje.

Entonces, el pastor tomó las tenazas que estaban al lado de la chimenea, abrió la rejilla y empezó a separar a todos los carbones. Cuando ninguno de los carbones se tocaba entre sí, se paró y observó en silencio. Al rato, empezaron a sentir frío. «Esto es lo que sucede en tu vida» le dijo al hombre. «Tan pronto como te aíslas del pueblo de Dios, el fuego se va». Entonces, comprendió el mensaje.

La iglesia no es una construcción hecha a punta de martillo y mortero, donde se reúnen las personas. Es el pueblo de Dios en el que Él habita. En la iglesia, entre el pueblo de Dios, los verdaderos adoradores debemos traer un corazón que adore para animar a otros mientras somos animados a amar y a hacer buenas obras. Cuando la estimulación afecta nuestras almas, hacemos el bien y compartimos. El ciclo se completa cuando vivimos rebosantes de alabanza y con un corazón que está constantemente agradecido. Entonces, adorar es un estilo de vida. Para eso fuimos redimidos.

Capítulo 10

ADORAR AL PADRE

La terminología que Jesús empleó para hablarle a la mujer samaritana sobre Dios, en Juan 4, es significativa. Su discurso completo sobre el tema de la adoración se enfoca en la importancia de una respuesta apropiada al entendimiento adecuado de la naturaleza de Dios. El lugar para la adoración ya no es la preocupación principal, le dijo a la mujer. El problema no es dónde se adora, sino a quién y cómo.

Al hablarle a la mujer en el pozo, Jesús usó dos sustantivos para referirse a «quién» se debe adorar: Padre y Espíritu. Los dos son fundamentales para identificar al único objeto legítimo de la adoración verdadera.

En capítulos anteriores vimos con detalle algunos de los atributos de Dios: es un ser personal, espiritual, trino, inmutable, todopoderoso, omnipresente, omnisciente y es santo. En el contexto de Juan 4, Jesús le resume todo esto a la mujer y se lo presenta en los siguientes términos: el adorador verdadero debe ver a Dios como Padre y como espíritu.

ADORAR, *La máxima prioridad*

Ya hemos discutido el hecho de que Dios es un espíritu inmortal, invisible y omnipresente (ver capítulo 4). No puede verse o tocarse, y no puede representarse como un ídolo o cualquier clase de semejanza. Entonces, la adoración que se le ofrece debe ser espiritual.

Pero un adorador puede tener el concepto de un Dios santo, omnipotente, omnipresente, amoroso y justo, que es un espíritu y aun así, quedarse corto al adorar al Dios verdadero. La característica distintiva más clara y que engloba lo que el Dios verdadero es, se encuentra en el título que Jesús usa con más frecuencia para referirse a Dios: Padre.

Padre era el título favorito de Jesús para referirse a Dios. Los evangelios registran unas setenta veces en las que habló de Dios y cada vez lo llamaba Padre, excepto cuando estuvo en la cruz, cargando el juicio por el pecado del hombre. Después, dijo: *Dios mío, Dios mío, ¿por qué me has desamparado?* (Mateo 27:46).

Adorar al Padre

Jesús habló de adorar «al Padre» tres veces en Juan 4: —*Créeme, mujer, que se acerca la hora en que ni en este monte ni en Jerusalén adorarán ustedes al Padre* (Juan 4:21). En el versículo 23, leemos: *Pero se acerca la hora, y ha llegado ya, en que los verdaderos adoradores rendirán culto al Padre en espíritu y en verdad, porque así quiere el Padre que sean los que le adoren.*

El concepto de paternidad de Dios normalmente se ha comprendido mal. Cuando pensamos en Dios como Padre, solemos pensar en Él como *nuestro* Padre amoroso. Somos Sus hijos y Él es nuestro Padre, y lo adoramos no sólo por ser un espíritu inmenso, omnipresente, eterno y omnisciente, sino también porque es un Padre cercano, amoroso y personal. De hecho, Dios es todo esto, pero sólo una vez Jesús se refirió a Dios como «nuestro Padre» y no lo hizo directamente hacia Dios, sino en una oración modelo para nosotros, porque, por ejemplo, Jesús no necesitaba pedir perdón (Mateo 6:9). Muchas veces en ese mismo capítulo, Jesús se refiere a Dios como «su Padre», hablándole a los discípulos. Así que está bien pensar que Dios es *nuestro* Padre.

Pero en Juan 4, y otras ocasiones en el nuevo Testamento, cuando Jesús se refiere «al Padre», no está hablando de la paternidad de Dios con relación a los creyentes. Si Jesús usa el término, se refiere a la posición de Dios Padre en la Trinidad, particularmente a la forma en que se relaciona con Él, el Hijo.

¿Cómo es Dios, el Padre de Jesús?

Al reconocer a Dios como Su Padre, Jesús no sólo estaba diciendo que tenía un origen o una línea de ascendencia. La verdad enseñada en la relación Padre-Hijo dentro de la Trinidad no es que Jesús descienda de Dios el Padre, que haya sido formado o que tenga Su origen en Él. Jesús es un ser eterno que no desciende de nadie.

Nuestro Señor tampoco se está refiriendo a Su sujeción a la voluntad del Padre. Aunque los elementos de autoridad y sujeción hacen parte de la relación Padre-Hijo, no son el enfoque principal.

Más bien, la importancia de la relación entre ellos está dada porque el Hijo tiene la misma esencia, la misma naturaleza que el Padre. Cuando Jesús usaba este título, lo hacía para expresar igualdad en el "nivel de deidad". Un padre y un hijo comparten la misma naturaleza y características. Al decir que Dios era Su Padre, estaba afirmando que era igual a Dios, y los judíos de su tiempo comprendían claramente el significado de Sus palabras.

En Juan 5:17, leemos la respuesta de Jesús a los judíos que lo perseguían por lo que había hecho durante el Sabbat: —*Mi Padre aun hoy está trabajando, y yo también trabajo.* ¿Cómo recibieron estas palabras? El versículo 18 nos dice: *Así que los judíos redoblaban sus esfuerzos para matarlo, pues no sólo quebrantaba el sábado sino que incluso llamaba a Dios su propio Padre, con lo que él mismo se hacía igual a Dios.*

Y era justamente lo que quería decir. Jesús hablaba acerca de la igualdad entre Él y el Padre en Su ser, esencia, naturaleza y deidad. Jesús es Dios, tan cierto como que el Padre es Dios; cuando lo llamaba Padre, Su significado era claro para quienes lo escuchaban.

En Juan 10:29 Jesús dice: *Mi Padre, que me las ha dado, es más grande que todos; y de la mano del Padre nadie las puede arrebatar.* Después, va más lejos en el versículo 30: *El Padre y yo somos uno.*

El siguiente versículo nos dice que los judíos tomaron piedras para apedrearlo.

Jesús les respondió: —Yo les he mostrado muchas obras irreprochables que proceden del Padre. ¿Por cuál de ellas me quieren apedrear?

—No te apedreamos por ninguna de ellas sino por blasfemia; porque tú, siendo hombre, te haces pasar por Dios (Versículos del 32 al 33).

Cuando Jesús decía que Dios era Su Padre, los judíos sabían que esto significaba que Él compartía la misma esencia de Dios. Estaba reafirmando Su deidad, declarando que era igual al Dios soberano y santo.

Juan 17 registra la gran oración de Jesús hacia el Padre la noche que fue arrestado. Empieza:

Después de que Jesús dijo esto, dirigió la mirada al cielo y oró así: "Padre, ha llegado la hora. Glorifica a tu Hijo, para que tu Hijo te glorifique a ti, ya que le has conferido autoridad sobre todo mortal para que él les conceda vida eterna a todos los que le has dado. Y ésta es la vida eterna: que te conozcan a ti, el único Dios verdadero, y a Jesucristo, a quien tú has enviado" (Versículos del 1 al 3).

Así se identifica de nuevo con el Padre y dice que la vida eterna es conocerlo a Él y al Padre. En el versículo 5, dice:

Y ahora, Padre, glorifícame en tu presencia con la gloria que tuve contigo antes de que el mundo existiera. Esta es una declaración clara de que Jesús y Dios el Padre son y siempre han sido iguales.

En Mateo 11:27, leemos que Jesús dijo: *Mi Padre me ha entregado todas las cosas. Nadie conoce al Hijo sino el Padre, y nadie conoce al Padre sino el Hijo y aquel a quien el Hijo quiera revelarlo.* El Señor reitera la unicidad única y esencial entre el Padre y el Hijo. Hay una intimidad de conocimiento entre el Padre y el Hijo que no está a disposición de la percepción humana.

En Juan 14:9, Jesús les dice a Sus discípulos: *El que me ha visto a mí, ha visto al Padre;* esta es la síntesis de la enseñanza de Jesús en la que afirma ser el Hijo de Dios. Cada vez que llamaba Padre a Dios estaba haciendo una declaración evidente y abierta de Su deidad y de Su igualdad con Él.

El Dios y Padre de Nuestro Señor Jesús

Que Dios se identifique claramente como el Padre de nuestro Señor Jesús es una verdad importante que a menudo es enfatizada en las Escrituras. En Efesios 1, Pablo escribió uno de los himnos de alabanza más grandiosos en la Biblia. De hecho, del versículo 3 al 14 se ve una larga oración de alabanza que empieza de la siguiente forma: *Alabado sea Dios, Padre de nuestro Señor Jesucristo.*

En el versículo 17 del mismo capítulo, Pablo ora al *Dios de nuestro Señor Jesucristo, el Padre de gloria.* El apóstol siempre tiene cuidado de identificar a Dios con el Señor Jesucristo; 2ª Corintios 1:3 es la introducción de la segunda epístola de Pablo a esa iglesia problemática y dice: *Alabado sea el Dios y Padre de nuestro Señor Jesucristo*. En Romanos 15:6, Pablo le habla a la iglesia glorificando *al Dios y Padre de nuestro SEÑOR Jesucristo*.

Otros escritores del Nuevo Testamento escribieron con la misma perspectiva de Pablo. Pedro escribió: *¡Alabado sea Dios, Padre de nuestro SEÑOR Jesucristo!* (1ª Pedro 1:3). El apóstol Juan escribió en 2ª Juan 3: *La gracia, la misericordia y la paz de Dios el Padre y de Jesucristo, el Hijo del Padre, estarán con nosotros en verdad y en amor.*

Hay un Solo Dios

Aquellos que dicen adorar a Dios, que afirman que es el espíritu eterno y viviente que está presente en todas partes y lo llaman Padre pero niegan que Jesucristo es el mismo Dios ofrecen adoración inaceptable. A menos que sea adorado como el Padre de nuestro Señor Jesucristo, Dios no podrá ser adorado.

Hay algunos que declaran que musulmanes, judíos y cristianos adoran al mismo Dios, sólo que de formas diferentes. No es verdad. Nuestro Dios es el Padre del Señor Jesucristo. No puede ser definido en otros términos. Los cultistas, también llamados Testigos de Jehová, o los liberales que afirman adorar a Dios, niegan la deidad de Jesucristo. Por lo tanto, adoran a un dios diferente al Dios de la Biblia. Están ofreciendo adoración inaceptable.

No es suficiente declarar que Dios es el Padre de toda la humanidad y adorarlo basándose en esto, sin tener en cuenta la comprensión bíblica de quién es Él. En el mismo contexto en el que Jesús dijo*: quien me ha visto a mí, ha visto al Padre*, también declaró: —*Yo soy el camino, la verdad y la vida —le contestó Jesús—. Nadie llega al Padre sino por mí* (Juan 14:6). La única forma en que alguien puede llegar a Dios es reconociéndolo como el Único que es el Padre de nuestro Señor Jesucristo.

Adoración Trinitaria

La doctrina de la Trinidad es fundamental para la adoración verdadera. Juan 5:23 es la conclusión lógica de la enseñanza de Jesús acerca de que Dios era únicamente Su Padre: *para que todos honren al Hijo como lo honran a él. El que se niega a honrar al Hijo no honra al Padre que lo envió*. *Honrar* es una palabra que implica adoración. No sólo adoramos al Padre, también debemos adorar al Hijo.

Esto tiene efectos importantes en la forma en que dirigimos nuestra adoración. De hecho, la única forma de adorar al Padre es adorando al Hijo. Tomás cayó de rodillas ante el Jesús resucitado y dijo: —S*eñor mío y Dios mío!* —*exclamó Tomás* (Juan 20:28). El discípulo había tenido una perspectiva adecuada de la adoración. Solo se puede adorar a Dios si se entiende que es Uno con el Hijo, quien debe recibir el mismo honor que el Padre.

Jesús exhortó a la mujer samaritana a reconocerlo como el Hijo de Dios para adorarlo. No tuvo que decir: «adórame». Simplemente, afirmó que Dios es Su Padre. Y la conclusión es la misma: Jesucristo es el Señor. Esta es la conclusión en toda la adoración: venimos a Dios solamente mediante Cristo, y venimos a Cristo al acercarnos a Dios. La adoración al Padre no puede separarse de la adoración al Hijo.

Adoramos al Padre y adoramos al Hijo; pero, ¿qué pasa con el Espíritu Santo? Nada nos indica directamente en la Escritura que debemos adorar al Espíritu Santo; sin embargo, la adoración no es ajena a Su trabajo. Es el Espíritu quien nos da la confianza para acercarnos a la presencia de Dios y clamar: *Abba Padre*, según Gálatas 4:6 y Romanos 8:15–16. Gracias al poder y a la presencia del Espíritu es que tenemos acceso para adorar a Dios.

Sabemos que el Espíritu es igual al Hijo y al Padre, así que parece obvio que también es digno de ser adorado. Aunque, debido al énfasis que se hace en el ministerio del Espíritu, la Escritura no lo señala específicamente, hay que hacer una observación necesaria: el Espíritu Santo es llamado el Espíritu de Dios en muchos pasajes de la Escritura. En Romanos 8, es llamado como el Espíritu de Cristo. Él irradia a Dios Padre, a Dios Hijo y por lo tanto, es digno de adoración.

Dentro de la Trinidad, cada miembro tiene un ministerio único. El Espíritu Santo nos llama a ir al Hijo, y el Hijo nos llama a ir al Padre. En este sentido, nuestra adoración involucra a todos los miembros de la Trinidad y cada uno es digno de ser adorado.

El Fundamento de la Adoración Verdadera

De esta manera, es evidente que en Juan 4, cuando Jesús usa el término «Padre», lo identifica con cuidado como el destinatario de la adoración verdadera. Es Dios, no cualquier ser espiritual indefinido e indistinto quien acepta la adoración bajo un sinnúmero de nombres e identidades. Es Dios, quien es el Padre del Señor Jesucristo y Uno en esencia con Él. Y venimos al Padre sólo mediante el Hijo con el poder del Espíritu Santo.

Esto confirma de nuevo que sólo un creyente genuino en Jesucristo es capaz de ofrecer adoración verdadera. Sólo un creyente tiene acceso al Hijo mediante el Espíritu, de manera que sólo un creyente puede acercarse a Dios a ofrecerle adoración. Recuerde que Jesús dijo: *nadie puede venir al Padre sino por Mí* (Juan 14:6). La idea clara que se encuentra en Juan 4 es que Dios busca adoradores verdaderos, quienes lo adoren de una forma aceptable por Él.

11
Capítulo

ADORAR EN ESPÍRITU Y EN VERDAD

La mujer en el pozo estaba averiguando sobre el método apropiado para adorar, pero sólo contemplaba dos opciones: el método samaritano o el judío. Jesús le presentó el método divino y le informó que las dos formas de adoración que conocía, eran inaceptables.

El estilo de adoración samaritano se practicaba teniendo como base la ignorancia. El conocimiento espiritual de los samaritanos era limitado porque rechazaban todo el Antiguo Testamento, excepto el Pentateuco. Su religión se caracterizaba por ofrecer una adoración entusiasta sin la información adecuada. Adoraban en espíritu, pero no en verdad. Por esta razón, Jesús dijo: *Ahora ustedes adoran lo que no conocen* (v. 22).

Los judíos vivían la situación opuesta: aceptaban todos los libros del Antiguo Testamento, tenían la verdad, pero carecían de espíritu. Cuando los fariseos oraban, ofrendaban o ayunaban, no lo hacían con el corazón. Jesús los llamaba hipócritas, farsantes, sepulcros blanqueados llenos de hombres muertos. En Marcos 7:6, les dijo a los fariseos y a los escribas: *Él les contestó: —Tenía razón Isaías cuando profetizó acerca de ustedes, hipócritas, según está escrito: "Este pueblo me honra con los labios, pero su corazón está lejos de mí".*

La adoración que se ofrecía en el Monte Gerizim era tan sólo una herejía entusiasta; la que se ofrecía en Jerusalén era ortodoxa, estéril y sin vida. Jerusalén tenía la verdad, pero no el espíritu. Gerizim tenía el espíritu, pero no la verdad. Jesús reprobó los dos estilos de adoración cuando dijo: *Dios es espíritu, y quienes lo adoran deben hacerlo en espíritu y en verdad* (v. 24).

Los dos enemigos de la adoración verdadera eran Jerusalén y Gerizim. Es importante que haya sinceridad, entusiasmo y fuerza, pero éstas deben fundamentarse en la verdad. La verdad es fundacional, pero si no genera un corazón inquieto, emocionado y entusiasta, la adoración es deficiente. La herejía entusiasta es calor sin luz; la ortodoxia estéril es luz sin calor.

Hoy vemos estos mismos extremos. Por un lado, hay grupos que se unen, se toman de las manos, se balancean una y otra vez, cantan y hablan en lenguas con frenesí. No se puede criticar su entusiasmo pero, a menudo, es entusiasmo sin conocimiento.

La adoración con entusiasmo no es suficiente. No hay un grupo de adoración que sea más enérgico que los musulmanes chiitas fanáticos, quienes una vez al año, se cortan el cabello con una cuchilla y después, se golpean sus cabezas con la hoja de sus espadas para estimular el sangrado. Hombres, niños e incluso bebés tienen laceradas sus cabezas rapadas porque se dan golpes rápidos con la hoja de un cuchillo y después, marchan alrededor de la plaza frente a la mezquita, sangrando abundantemente, mientras que miles de personas los observan y cantan. Los transeúntes celebran la muerte de un líder musulmán, ocurrida hace más de doce siglos, y observan la espantosa muestra de adoración de los chiitas. Es un ejemplo extremo de un intento de adoración apartada de la verdad.

Por otro lado, hay quienes se aferran firmemente a la doctrina sana, pero han perdido su espíritu entusiasta. Conocen la verdad pero no les produce emoción. De pronto, algunas personas como éstas asisten a su congregación.

El Padre busca tanto entusiasmo como ortodoxia; busca espíritu y verdad.

Adorar en Espíritu

¿Qué significa adorar en espíritu? En el versículo 24, la palabra *espíritu* se refiere al espíritu humano. La adoración es un fluir de adentro hacia afuera. No se trata de estar en el lugar correcto, el tiempo preciso, tener las palabras adecuadas, la conducta correcta, la ropa apropiada, la música propicia y el estado de ánimo oportuno. La adoración no es una actividad externa para la cual se crea un ambiente. Ésta se da en el interior, en el espíritu.

Pablo comprendió esta clase de adoración. En Romanos 1:9, escribió: *Dios, a quien sirvo de corazón predicando el evangelio de su Hijo, me es testigo de que los recuerdo a ustedes sin cesar.* En el texto griego, la palabra para servir es *latreuo*, (de nuevo, esa palabra para referirse a la adoración). Pablo adoraba a Dios en su espíritu.

David también adoraba a Dios en espíritu. El Salmo 45:1 es la expresión del corazón adorador de David: *rebosa mi corazón palabra buena* (RV60); el Salmo 103:1 dice: *Alaba, alma mía, al Señor; alabe todo mi ser su santo nombre*, se refiere a la adoración que surge del interior, en el espíritu. En el Salmo 51, David se vuelve a Dios arrepentido y dice en los versículos 15 al 17:

> *Abre, Señor, mis labios, y mi boca proclamará tu alabanza. Tú no te deleitas en los sacrificios ni te complacen los holocaustos; de lo contrario, te los ofrecería. El sacrificio que te agrada es un espíritu quebrantado; tú, oh Dios, no desprecias al corazón quebrantado y arrepentido.*

David sabía que la principal preocupación de Dios no era el exterior, y por eso en su oración de arrepentimiento le suplicaba, teniendo como base este principio. La prueba de Su veracidad estaba en su corazón quebrantado y contrito, no en las ofrendas quemadas que ofrecía. Y así debe ser toda la adoración: autenticidad evidenciada en el corazón, que es donde se origina la verdadera adoración. Sus palabras describen a un hombre cuyo corazón está tan lleno de alabanza que todo lo que necesita es tener su boca abierta para que salga.

Una de las grandes experiencias en mi corta vida ha sido leer *La existencia y los atributos de Dios*, escrito por Stephen Charnock, quien escribió:

Sin el corazón no hay adoración: sería como una obra en escena, interpretar a alguien sin ser esa persona que en realidad estamos representando. Un hipócrita en todo el sentido de la palabra, un intérprete. Realmente, podemos adorar a Dios, aunque "nos falte" perfección. Sin embargo, no podemos adorar a Dios si "nos falta" sinceridad.[5]

Es completamente cierto. Podemos adorar siendo imperfectos, pero no podemos adorar si no somos sinceros. La adoración a Dios debe nacer desde lo profundo de nuestro interior.

Cómo Tener un Corazón Adorador

En el día del Señor número 26 de 1881, Andrew Bonar escribió en su diario: «durante todo el día y en cada servicio, me he sentido fortalecido y sostenido por la presencia del Señor en el Espíritu, más de lo común. Hubo momentos de gran cercanía».

---

[5] Stephen Charnock. Discursos sobre la existencia y los atributos de Dios. (N.Y.: Ketcham, s.f.) Pág. 225-226.

La anterior es una descripción de la adoración en espíritu, en la que hay una conciencia abrumadora sobre la cercanía de Dios. Santiago 4:8 dice: *Acérquense a Dios, y él se acercará a ustedes.* Estoy seguro de que muchos cristianos han experimentado esto pocas veces.

Podemos tener corazones abrumados que intentan adorar en espíritu. Primero que todo, *debemos rendirnos ante el Espíritu Santo.* Antes de poder adorar a Dios en nuestro espíritu, el Espíritu Santo tiene que estar ahí para producir adoración verdadera. 1ª Corintios 2:11 dice: *En efecto, ¿quién conoce los pensamientos del ser humano sino su propio espíritu que está en él? Así mismo, nadie conoce los pensamientos de Dios sino el Espíritu de Dios.* Si no tiene al Espíritu de Dios que impulsa, motiva, limpia e instruye a su corazón, no puede adorar a Dios porque ni siquiera lo conoce. *Por eso les advierto que nadie que esté hablando por el Espíritu de Dios puede maldecir a Jesús; ni nadie puede decir: "Jesús es el Señor" sino por el Espíritu Santo* (1ª Corintios 12:3). En otras palabras, una persona no puede afirmar verdaderamente el señorío de Cristo en su vida sin la acción del Espíritu Santo. Adorar a Cristo como soberano requiere del ánimo constante del Espíritu Santo; esto lo recibimos sólo cuando creemos que Jesucristo es el Salvador y Señor.

De nuevo, esto confirma que el establecimiento de la adoración verdadera es la salvación. Alguien que no ha sido salvo, no puede adorar a Dios verdaderamente. Y quien ha sido salvo, será motivado por el Espíritu Santo que mora en él, a adorar. Entonces, es justo examinar nuestra adoración: si tiene problemas para adorar, de pronto, no es salvo. Si se aburre en la iglesia, o si su mente no extraña reunirse con otros en la iglesia, de pronto puede ser porque el Espíritu Santo no está en usted animando su corazón. Si Él está allí, debe rendir su voluntad ante Él.

Así mismo, si estamos para adorarlo en espíritu, *nuestros pensamientos deben estar centrados en Dios*. La adoración es el fluir de una mente renovada por la verdad de Dios; lo llamamos el proceso de meditar. Parece haber mucha confusión alrededor de lo que es la meditación: es enfocar toda la mente en un tema, concentrar la razón, la imaginación y la emoción en una sola realidad.

Si le parece difícil, es normal. Debido a la exposición constante de la televisión, la radio y los otros medios masivos de difusión, tenemos más cosas en qué pensar que la civilización antecesora. Por lo tanto, centrar nuestra atención en un tema puede ser muy complicado; tenemos dificultad para concentrarnos en un sólo tema. La meditación es una disciplina para la cual tenemos que entrenarnos.

El centro de la meditación es el descubrimiento de una comprensión más amplia sobre la verdad de Dios. Descubrir esto surge de pasar tiempo con Dios en oración y en Su palabra; Su Espíritu nos enseña la verdad de la Palabra mientras estudiamos y meditamos en ésta por medio de la oración.

Charles Haddon Spurgeon preguntó: «¿Por qué sucede que algunas personas están a menudo en un lugar de adoración y aún no son santas? Es porque descuidan el armario. Aman el trigo, pero no lo muelen; podrían tener el maíz, pero no van al campo a recogerlo; las frutas cuelgan del árbol, pero no las cogen; y el agua fluye ante sus pies, pero no se agachan para beber».

Entonces, para adorar en espíritu, debemos tener un corazón sin divisiones. Sin un corazón unido, la adoración es imposible. Una persona con un corazón dividido puede tener buenas intenciones, pero cuando se sienta a orar y a pasar tiempo con el Señor, un millón de cosas más aparecerán en su mente. A la mayoría nos ha pasado.

David era un rey. Tenía muchas cosas por las cuales debía preocuparse y, aun así, buscaba al Señor con un corazón que no estaba dividido. En el Salmo 86:11, David oró: *Instrúyeme, SEÑOR, en tu camino para conducirme con fidelidad. Dame integridad de corazón para temer tu nombre.* (La expresión *temer tu nombre* equivale a la palabra adoración).

En el Salmo 57:7, David escribió: *Firme está, oh Dios, mi corazón; firme está mi corazón. Voy a cantarte salmos.* En otras palabras, la música de alabanza surge de un corazón firme, decidido, determinado, centrado únicamente en Dios.

Finalmente, debemos arrepentirnos. Debemos tratar cualquier pecado. Cuando hablamos de adoración, debemos enfocarnos en limpieza, depuración, purificación, confesión y arrepentimiento, porque la persona que entra en comunión con un Dios completamente santo es aquella cuyo pecado ha sido tratado. No podemos ir rápidamente a la presencia de Dios con nuestra impureza, pensando que todo está bien. Nosotros, tal como Isaías, debemos confesar nuestro pecado ante Dios y permitirle tocar nuestros labios con ese carbón vivo y ardiente para que sean purificados.

A menudo sabemos que tenemos pecados en nuestras vidas que debemos confesar. En otras ocasiones pensamos que todo está bien ante los ojos de Dios, pero no es así. En el Salmo 139:23–24, David dice: *Examíname, oh Dios, y sondea mi corazón; ponme a prueba y sondea mis pensamientos. Fíjate si voy por mal camino, y guíame por el camino eterno*. Esta es una confesión que muestra que aun el mismo David no podía entender completamente su corazón.

Tal vez, la razón por la que tenemos dificultades para abandonarnos en adoración a Dios, la razón por la cual no experimentamos Su cercanía, es que tenemos áreas en nuestras vidas que no son puras ante los ojos de Dios. Todos tenemos manchas que nos ciegan y deficiencias que sólo Él conoce. Debemos ser abiertos y pedirle a Dios que prenda el reflector que expone cualquier cosa que está en la oscuridad. Debemos rendir nuestras almas ante el Espíritu Santo con Su presencia y poder. Pidámosle que limpie cada esquina de nuestras vidas para que se produzca el fluir de la adoración.

El Obstáculo Principal

Sólo hay un obstáculo para adorar en espíritu: nosotros mismos. Viene en toda clase de empaques, pero el resultado es el mismo: cuando nos paramos frente a Dios, no podemos adorarlo adecuadamente. Podemos culpar a la falta de tiempo, o a tener demasiadas distracciones (sin embargo, sacamos tiempo para hacer los proyectos y actividades que queremos). El problema real de quien usa estas excusas, es que es demasiado egoísta, perezoso e indulgente consigo mismo como para establecer sus prioridades de la forma adecuada.

Stephen Charnock escribió:

«Si pretende rendirle homenaje a Dios con la intención de sacarle provecho a la situación, es preferible que se burle de Él. Cuando creemos que debemos obtener nuestra satisfacción, en lugar de glorificar a Dios, ponemos a Dios por debajo de nuestros pies. Imagine si Él tuviera que someter Su honor ante nuestro beneficio, nos haríamos más gloriosos que Dios»[6].

Este es el obstáculo para adorar en espíritu: poner por encima de Dios lo que somos, nuestras necesidades, ventajas y bendiciones.

Nadie puede adorar a Dios en espíritu hasta que muera a la carne. Jesús denominó esto como negarse a sí mismo. Debemos desprendernos de nosotros mismos, morir a nosotros, y dedicarnos a adorar a Dios. Entonces, sabremos lo que es adorar en espíritu.

---

[6] Ibíd. Pág. 241

Adorar en Espíritu

Jesús dijo que también debemos adorar en verdad y así se ve la estrecha relación entre la adoración y la verdad. La adoración no es un ejercicio emocional en el que se usan las palabras de Dios para provocar ciertos sentimientos. La adoración es una respuesta que se construye sobre la verdad.

El Salmo 145:18 dice: *El Señor está cerca de quienes lo invocan,* ***de quienes lo invocan en verdad*** (Énfasis del autor). Es claro que la verdad es un prerrequisito para la adoración aceptable.

En el Salmo 86:11, cuando David oró por un corazón unido al de Dios, también pidió un mejor entendimiento de la verdad: *Instrúyeme, Señor, en tu camino para conducirme con fidelidad. Dame integridad de corazón para temer tu nombre.*

Pilato le formuló una pregunta muy importante a Jesús: *¿Y qué es la verdad?* (Juan 18:38). Y Él contestó en Juan 17:17 cuando dijo: *Santifícalos en la verdad; tu palabra es la verdad.* Si vamos a adorar en verdad, y la Palabra de Dios es verdad, debemos adorar entendiendo la Palabra de Dios.

Predicar la Palabra

Esto explica la importancia de la predicación expositiva y la enseñanza sistemática de la Palabra de Dios. Algunos predicadores parecen especializarse en sermones que son ligeramente bíblicos; ellos mueven a la congregación, la hacen reír y llorar con historias y anécdotas bonitas. Pueden ser sermones interesantes, divertidos, entretenidos, emocionantes e impresionantes, pero no ayudan a que las personas adoren a Dios. El propósito del ministerio no es crear una experiencia emocional. El llamado para cada predicador es enseñar acerca de Dios porque a partir de esa base de conocimiento surge la adoración.

Cualquier persona joven que se dedique al ministerio y no esté comprometida con la predicación expositiva, se está burlando de su propio ministerio porque las personas deben responder a la verdad de la Palabra de Dios en cada dimensión de sus vidas. El único ministro efectivo es aquel que expone la Palabra de Dios.

Desafortunadamente, muchas iglesias evangélicas gastan tanto tiempo en promoción y «preámbulos», que no se puede encontrar a Dios en medio del programa. Nuestra adoración debe ser esencial y estar basada en la Palabra de Dios; esto posiciona a la predicación de la Palabra como un factor sumamente importante para la adoración. Algunos podrían preguntarse, ¿por qué se le hace tanto énfasis a la predicación en el servicio de adoración? ¿Por qué mejor no presentar un mensaje breve o, incluso, no decir nada para mejor cantar, orar, alabar y dar testimonios? Hacer una pregunta así evidencia ignorancia acerca de la razón y la naturaleza de la tarea del pastor–maestro.

El reto en el púlpito es hacerles ver a las personas que la adoración es un estilo de vida. En *La predicación: puente entre dos mundos*, John Stott lo dice bien:

La palabra y la adoración se pertenecen de una forma indisoluble. Toda la adoración es una respuesta inteligente y amorosa a la revelación de Dios porque es la adoración de su Nombre. Por lo tanto, la adoración aceptable no se puede dar sin la predicación, ya que ahí se da a conocer el Nombre del Señor, y la adoración es alabar el Nombre del Señor conocido. La lectura y predicación de la Palabra está lejos de ser una invasión extraterrestre dentro de la adoración; más bien, resultan indispensables, no se pueden divorciar. De hecho, su divorcio antinatural explica el bajo nivel de gran parte de la adoración contemporánea. Nuestra adoración es pobre porque nuestro conocimiento de Dios es pobre, y nuestro conocimiento de Dios es pobre porque nuestra predicación es pobre. Pero cuando la Palabra de Dios se expone en toda su plenitud, y la congregación empieza a vislumbrar la gloria del Dios viviente, cae de rodillas en asombro solemne y gozosa admiración ante Su trono. Es la predicación la que cumple con este propósito, la proclamación de la Palabra de Dios en el poder del Espíritu Santo. Esta es la razón por la que la predicación es única e irremplazable".[7]

Luego, la exposición de la Palabra es fundamental para ofrecer una adoración con sentido en la asamblea de los santos. La perspectiva que se obtiene a partir de la Palabra de Dios en el servicio de adoración hará que la calidad de la adoración individual sea más profunda durante la

---

[7] John R. W. Stott. La predicación: puente entre dos mundos (Grand Rapids: Eerdmans, 1982). Pág. 82-83

semana y estimulará el deseo de los santos por estudiar la Escritura diariamente.

Cuando la iglesia primitiva se reunía, lo hacía para ser enseñada por la doctrina de los apóstoles –la revelación de Dios acerca de sí mismo– manifiesta en los escritos y las enseñanzas de los apóstoles. Por esto, Pablo le escribió a Timoteo:

> *Si enseñas estas cosas a los hermanos, serás un buen servidor de Cristo Jesús, nutrido con las verdades de la fe y de la buena enseñanza que paso a paso has seguido. Rechaza las leyendas profanas y otros mitos semejantes. Más bien, ejercítate en la piedad (…) En tanto que llego, dedícate a la lectura pública de las Escrituras, y a enseñar y animar a los hermanos* (1ª Timoteo 4:6–7, 13).

La iglesia en Corinto se había ido a un extremo de actividad emocional y sin sentido. Les gustaba hablar en lenguas de forma frenética y tenían demostraciones extravagantes, que eran vestigios de su pasado pagano. Estaban dejando de lado el contenido y la verdad para privilegiar experiencias externas, ininteligibles y emocionales. Pablo los exhorta en 1ª Corintios 14:14-16 diciendo:

> *Porque si yo oro en lenguas, mi espíritu ora, pero mi entendimiento no se beneficia en nada. ¿Qué debo hacer entonces? Pues orar con el espíritu, pero también con el entendimiento; cantar con el espíritu, pero también con el entendimiento. De otra manera,*

si alabas a Dios con el espíritu, ¿cómo puede quien no es instruidos decir "amén" a tu acción de gracias, puesto que no entiende lo que dices?

En los versículo del 23 al 25 dice:

Así que, si toda la iglesia se reúne y todos hablan en lenguas, y entran algunos que no entienden o no creen, ¿no dirán que ustedes están locos? Pero si uno que no cree o uno que no entiende entra cuando todos están profetizando, se sentirá reprendido y juzgado por todos, y los secretos de su corazón quedarán al descubierto. Así que se postrará ante Dios y lo adorará, exclamando: "¡Realmente Dios está entre ustedes!"

El efecto de la actividad puramente emocional es que las personas se sienten bien. El efecto de la verdad es que adoran a Dios. La verdad es el corazón de la adoración, y a menos de que el entusiasmo y la emoción estén ligados a la verdad, éstas carecerán de sentido.

Nehemías 8 muestra el poder de la Palabra de Dios para motivar a la verdadera adoración en aquellos que tienen un corazón dispuesto. Después de que Nehemías y el pueblo completaron la construcción del muro de Jerusalén, le pidieron a Esdras que leyera el libro que contenía la Palabra de Dios. Esdras abrió el rollo ante los ojos de todo el pueblo e inmediatamente todos se levantaron ante la presentación de la Palabra de Dios: *Entonces Esdras bendijo al Señor, el gran Dios. Y todo el pueblo, levantando las manos, respondió: "¡Amén y amén!". Luego adoraron al Señor, inclinándose hasta tocar el suelo con la frente* (v. 6). La verdad de las Escrituras los hizo caer sobre sus rostros como un acto de adoración.

Donde se Encuentran el Espíritu y la Verdad

Toda adoración genuina es la clase de respuesta sincera a la verdad de Dios y a Su Palabra. La verdad es el factor objetivo y el espíritu es el subjetivo en la adoración. Ambos deben ir de la mano.

Cuando la Palabra de Dios domina la vida, se regula la alabanza y su adoración es conforme al parámetro divino. Por esto, Pablo amonestó a los colosenses: *Que habite en ustedes la palabra de Cristo con toda su riqueza: instrúyanse y aconséjense unos a otros con toda sabiduría; canten salmos, himnos y canciones espirituales a Dios, con gratitud de corazón* (Colosenses 3:16). Es la combinación perfecta: emoción regulada por el entendimiento, entusiasmo dirigido por la Palabra de Dios.

El Salmo 47:7 dice: *Dios es el rey de toda la tierra; por eso, cántenle un salmo solemne*. La adoración no es simplemente una experiencia extática, carente de significado o contenido; no es un sentimiento bonito aparte de cualquier comprensión de la verdad. La adoración es una expresión de alabanza que surge del corazón, hacia un Dios entendible porque verdaderamente se ha revelado.

Entonces, la naturaleza de la verdadera adoración está en el ofrecimiento de ésta desde lo profundo de nuestro ser interior con alabanza, oración, cantos, generosidad y vida, siempre basados en Su verdad revelada. La persona que adora a Dios debe tener un compromiso fiel con la Palabra de Dios. La adoración no sucede por un evento celestial que nos hace postrarnos; se da por el fluir de nuestro entendimiento acerca de Dios, que Él mismo ha revelado en las Escrituras. Esto es adorar en espíritu y en verdad.

Capítulo 12

GLORIA A DIOS EN LAS ALTURAS

Iniciamos en el capítulo 2 con esta definición: adoración es ofrecer honor y veneración a Dios. A lo largo del estudio, el concepto se ha ampliado, así que tal vez resulte apropiado dar una definición más completa: adoración es la respuesta más íntima de nuestro ser por todo lo que Dios es, la cual se expresa en alabanza a Dios a través de nuestras actitudes, acciones, pensamientos y palabras, basadas en la verdad de Dios, tal como Él la ha revelado.

Otra forma de decirlo es: la adoración es glorificar a Dios. Estar completamente obsesionado con la gloria de Dios es la pasión consumidora del verdadero adorador, quien vive para exaltarlo a Él. Este capítulo y el siguiente estarán dedicados a explorar esta verdad.

La primera pregunta y su respuesta se encuentran en *El catequismo más corto*: ¿Cuál es el fin principal del hombre? El fin principal del hombre es glorificar a Dios y disfrutar con Él por siempre. De acuerdo con el catequismo, la razón de ser está en darle gloria a Dios y disfrutar de Él. La plenitud suprema del cualquier propósito de una persona es ser totalmente absorbido en la persona de Dios y ver toda la vida a través de los ojos que se llenan de asombro por la gloria de los atributos de Dios. Esta es la perspectiva del adorador verdadero.

¿Qué es la Gloria de Dios?

La palabra *gloria* significa: «algo que es digno de alabanza o exaltación; resplandor; belleza; renombre». Se ha empleado para describir cualquier cosa. Desde equipos de fútbol campeones hasta puestas de sol.

La gloria de Dios tiene dos aspectos: primero, tiene gloria inherente o *intrínseca*. Dios es el único ser en toda la existencia de quien puede decirse que posee gloria inherente. No se la damos a Él; es suya en virtud de lo que Él es. Si nadie le diera gloria ni alabanza, seguiría siendo el Dios glorioso, porque Él era glorioso antes de que cualquier ser fuera creada para adorarlo.

Los hombres no tenemos gloria intrínseca. Dios le ha concedido la gloria al hombre. Si a un rey se le quita la capa y la corona, y se las colocan a un mendigo que se ha bañado previamente, no se sabrá quién es quién. La gloria del rey es externa, adquirida.

La gloria de Dios es inherente; no puede arrebatársele, ni aumentar. Es gloria total que no puede ser disminuida. Su gloria es Su ser; la síntesis de lo que es, independientemente de si lo reconocemos o no.

En Éxodo 33, Moisés, quien ardía de deseo por conocer a Dios, le dijo: —*Déjame verte en todo tu esplendor* —*insistió Moisés* (v. 18). Dios le respondió: —*Voy a darte pruebas de mi bondad, y te daré a conocer mi nombre. Y verás que tengo clemencia de quien quiero tenerla, y soy compasivo con quien quiero serlo* (v. 19). El *nombre del Señor* es una frase usada con frecuencia en la Biblia y se refiere a todo lo que Él es; es la síntesis de Sus atributos, y es sinónimo de la gloria de Dios. Cuando declara Su nombre, declara Su gloria, porque Su gloria es la reunión de Sus atributos.

En Hechos 7:2, a Dios se le llama *el Dios de la gloria*. La gloria es tan esencial para Dios como la luz al sol, como el azul al cielo, como la humedad al agua. No se puede hacer que el cielo sea azul o que el sol irradie luz. Son lo que son. No puede quitarles sus propiedades ni agregarles más.

Dios no le da Su gloria a alguien más, ni la comparte bajo ninguna circunstancia. En Isaías 48:11, Dios dice:

Y lo he hecho por mí, por mí mismo. ¿Cómo puedo permitir que se me profane? ¡No cederé mi gloria a ningún otro! Nos da bendiciones, sabiduría, riquezas y honores temporales, pero nunca Su gloria. Dios no puede despojarse de lo que es. Él coloca Su gloria al interior de los creyentes, pero nunca parte de sí mismo. La gloria no se vuelve nuestra, sigue siendo Su gloria que irradia a través nuestro, porque Dios mismo habita en nosotros mediante la persona del Espíritu Santo.

Un segundo aspecto de la gloria de Dios es la gloria que se le atribuye. La Biblia se refiere a esto cuando habla de darle gloria a Dios. El Salmo 29:1–2 dice:

> *Tributen al S*EÑOR*, seres celestiales,*
> *tributen al S*EÑOR *la gloria y el poder.*
> *Tributen al S*EÑOR *la gloria que merece su nombre;*
> *póstrense ante el S*EÑOR *en su santuario majestuoso.*

Obviamente, no podemos darle gloria a Dios en el sentido de agregarle algo a Su gloria, algo que la fortalezca más. El Salmo 29:2 dice: *Tributen al S*EÑOR *la gloria que merece su nombre*. El salmista nos exhorta a reconocer la gloria de Dios y a agradecer por ésta.

Aunque no podemos aumentar la gloria de Dios, podemos confirmarla y alabarlo por eso; podemos ampliar la perspectiva del mundo acerca de Él. Tito 2:9–10 dice:

> *Enseña a los esclavos a someterse en todo a sus amos, a procurar agradarles y a no ser respondones. No deben robarles sino demostrar que son dignos de toda confianza,* **para que en todo hagan honor a la enseñanza de Dios nuestro Salvador** (Énfasis del autor).

Por supuesto, esto no quiere decir que podemos adornar a Dios, sino que lo honramos al realzar la enseñanza de Dios en el mundo mediante una conducta piadosa. Una persona puede vivir la vida que quiera y no afectará la naturaleza de Dios ni alterará Su gloria intrínseca. Lo que afectará es el testimonio sobre Dios ante el mundo.

Atribuirle la gloria a Dios significa reconocer y magnificar Su gloria. Por ejemplo, en Filipenses 1:20, Pablo escribió que su deseo era que *ahora como siempre, Cristo será exaltado en mi cuerpo*. No quería decir que Cristo necesitaba ser mejorado; se refería a que el concepto que tenían las personas de Cristo podía ser acentuado por medio de él.

La creación misma magnifica a Dios. El Salmo 19:1 dice: *Los cielos cuentan la gloria de Dios, el firmamento proclama la obra de sus manos*. En otras palabras, la gloria de Dios es visible en parte mediante la creación. Romanos 1:20 dice: *Porque desde la creación del mundo las cualidades invisibles de Dios, es decir, su eterno poder y su naturaleza divina, se perciben claramente a través de lo que él creó, de modo que nadie tiene excusa*. Esto es exactamente lo que hacemos cuando le damos la gloria a Dios: hacer que Sus atributos sean caramente visibles ante las personas.

1º Crónicas 16 es un pasaje maravilloso acerca de la gloria de Dios:

> *¡Que toda la tierra cante al S*ENOR*!*
> *¡Proclamen su salvación cada día!*
> *Anuncien su gloria entre las naciones,*
> *y sus maravillas a todos los pueblos.*
> *Porque el S*EÑOR *es grande, y digno de toda alabanza;*
> *¡más temible que todos los dioses!*

> *Nada son los dioses de los pueblos,*
> *pero el S*EÑOR *fue quien hizo los cielos;*
> *esplendor y majestad hay en su presencia; poder y alegría*
> *hay en su santuario.*
> *Tributen al S*EÑOR, *familias de los pueblos,*
> *tributen al S*EÑOR *la gloria y el poder;*
> *tributen al S*EÑOR *la gloria que corresponde a su nombre;*
> *preséntense ante él con ofrendas,*
> *adoren al S*EÑOR *en su hermoso santuario* (Versículos del 23 al 29).

El testimonio visible, audible o público es lo que significa darle gloria a Dios. Es exaltarlo, afirmar Sus atributos, reflejar Su carácter, alabarlo por lo que es y darlo a conocer en Su plenitud.

¿Por qué Debemos Darle la Gloria a Dios?

¿Por qué debemos glorificar a Dios? Primero, *porque Él nos creó*. El Salmo 100:3 dice: *Reconozcan que el S*EÑOR *es Dios; él nos hizo, y somos suyos.* Solemos olvidar esto al pensar que nuestros logros *nos* hacen dignos de alabanza, pero Romanos 11:36 dice: *Porque todas las cosas proceden de él, y existen por él y para él. ¡A él sea la gloria por siempre! Amén.* Como Creador, sólo Él es digno de ser glorificado.

El apóstol Juan describe un evento en el cielo cuando los veinticuatro ancianos ponen sus coronas ante el trono de Dios y dicen: *Digno eres, S*EÑOR *y Dios nuestro, de recibir la gloria, la honra y el poder, porque tú creaste todas las cosas; por* *tu voluntad existen y fueron creadas* (Apocalipsis 4:11). Dios nos dio nuestro ser, la vida y todo lo que existe. ¿Cómo podríamos darle gloria a alguien más, o dárnosla nosotros mismos? Somos lo que somos porque Dios nos creó.

Segundo, debemos glorificar a Dios porque Él creó todo para que le diéramos gloria. El propósito de toda la creación es glorificar a Dios. Proverbios 16:4 dice: *Toda obra del SEÑOR tiene un propósito*. Todo en la creación fue diseñado para irradiar Sus atributos: Su poder, Su amor, Su misericordia, Su sabiduría, Su gracia. Esto no es egoísmo de parte de Dios. Él es digno de nuestra adoración. Como Él es Dios, tiene todo el derecho de demandar adoración de parte de Sus criaturas.

Indefectiblemente, Él será glorificado por cada uno. A la larga, todos los hombres le darán gloria a Dios, voluntaria o involuntariamente, en vida o en muerte. La gloria que Dios obtiene de los justos es la que especialmente le agrada. Le dan gloria voluntariamente. De hecho, darle la gloria a Él es el llamado especial para el pueblo de Dios. En Isaías 43:21, Dios dice: *al pueblo que formé para mí mismo, para que proclame mi alabanza*. 1ª Pedro 2:9 le dice a la iglesia: *Pero ustedes son linaje escogido, real sacerdocio, nación santa, pueblo que pertenece a Dios, para que proclamen las obras maravillosas de aquel que los llamó de las tinieblas a su luz admirable*.

Quienes no creen, no querrán darle la gloria a Dios, pero terminarán haciéndolo. Faraón estaba decidido a no glorificar a Dios, pero Dios dijo: *Yo voy a endurecer el corazón de los egipcios, para que los persigan. ¡Voy a cubrirme de glo-*

ria a costa del faraón y de su ejército, y de sus carros y jinetes! (Éxodo 14:17). Y así lo hizo. El mensaje de Dios para Faraón era: *Pero te he dejado con vida precisamente para mostrarte mi poder, y para que mi nombre sea proclamado por toda la tierra* (Éxodo 9:16). Esto fue exactamente lo que sucedió. Aunque Faraón no glorificó a Dios con su vida, Dios fue glorificado en su destrucción.

Este es en sí otro incentivo para darle gloria a Dios. Queremos darle gloria a Dios porque Él juzga a aquellos que no lo hacen. De acuerdo con Romanos 1 versículos del 21 al 23, los hombres perdidos son condenados porque se rehúsan a darle gloria a Dios y la corrompen: *a pesar de haber conocido a Dios, no lo glorificaron como a Dios ni le dieron gracias, sino que se extraviaron en sus inútiles razonamientos, y se les oscureció su insensato corazón. Aunque afirmaban ser sabios, se volvieron necios y cambiaron la gloria del Dios inmortal por imágenes que eran réplicas del hombre mortal, de las aves, de los cuadrúpedos y de los reptiles.* El tema central de Romanos 1 con respecto al trato de Dios con aquellos que se rehúsan a darle gloria se encuentra en las palabras *Dios los entregó* (ver versículos 24, 26 y 28). Simplemente, Dios los abandonó a su depravación. Él es glorificado y revelado como Dios santo y justo al juzgarlos.

Jeremías 13 registra un mensaje que el profeta Jeremías le dio a Israel. Su ministerio era frustrante; las personas no escucharon nada de lo que dijo hasta que estuvieron a punto de ser llevados a la cautividad. El corazón del profeta estaba afligido cuando clamó:

¡Escúchenme, préstenme atención!
¡No sean soberbios, que el SEÑOR *mismo lo ha dicho!*
Glorifiquen al SEÑOR *su Dios, antes de que haga venir la oscuridad y ustedes tropiecen contra los montes sombríos.*
Ustedes esperan la luz, pero Él la cambiará en densas tinieblas; ¡la convertirá en profunda oscuridad! (Versículos 15 y 16).

En otras palabras, debemos darle gloria a Dios en todo porque si no lo hacemos, seremos juzgados.

En el capítulo 3, vemos el relato del ángel descrito en Apocalipsis 14:7, quien dice poseer el evangelio eterno. Su mensaje era: *¡Temed a Dios y dadle gloria, porque* **la hora de su juicio ha llegado***!* (Énfasis del autor). De nuevo, el juicio glorioso de Dios es certero para aquellos que se rehúsan a adorarlo y a darle la gloria.

La Adoración y la Gloria de Dios

Aquellos que le dan la gloria a Dios de forma voluntaria son verdaderos adoradores; la adoración no es nada más que glorificar a Dios con un corazón gozoso y anhelante. Entonces, todo lo que se pueda decir sobre cómo adorar a Dios es una comprensión más profunda dentro del tema de la adoración genuina.

Como hemos visto detalladamente, glorificar a Dios empieza con la salvación, cuando nos rendimos ante Jesucristo como Señor; de ese modo, nos convertimos en adoradores verdaderos. Filipenses 2:9-11 dice del Señor Jesucristo:

*Por eso Dios lo exaltó hasta lo sumo y le otorgó el nombre que está sobre todo nombre, para que ante el nombre de Jesús se doble toda rodilla en el cielo y en la tierra y debajo de la tierra, y **toda lengua confiese que Jesucristo es el SEÑOR, para gloria de Dios Padre.*** (Énfasis del autor).

Como la adoración es un estilo de vida, glorificar a Dios debe ser el objetivo consciente, determinado, continuo y perpetuo del adorador. 1ª Corintios 10:31, un versículo muy conocido aunque muy poco puesto en práctica, da la estrategia para la vida de un adorador verdadero: *En conclusión, ya sea que coman o beban o hagan cualquier otra cosa, háganlo todo para la gloria de Dios.* Lo que sea que hagamos, empezando por actividades tan triviales como comer o beber, debe hacerse para Su gloria.

Jesús habló de la maldad en los días de Noé: *Porque en los días antes del diluvio comían, bebían y se casaban y daban en casamiento, hasta el día en que Noé entró en el arca; y no supieron nada de lo que sucedería hasta que llegó el diluvio y se los llevó a todos. Así será en la venida del Hijo del hombre* (Mateo 24:38-39). Jesús no los condenó porque comieran o bebieran en sí. No hay nada implícitamente malo en estas actividades, son acciones normales y necesarias para vivir. El error estaba en hacerlas sin pensar en glorificar a Dios. No comprendieron esto hasta que llegó el Diluvio que se los llevó. Estamos en esta tierra solo para

Gloria a Dios en las alturas

darle gloria a Dios y cada actividad de la vida debe ser dirigida hacia este propósito.

Así era como Jesús vivía. Él dijo: *Yo no busco mi propia gloria* (Juan 8:50). *El que habla por cuenta propia busca su vanagloria; en cambio, el que busca glorificar al que lo envió es una persona íntegra y sin doblez* (Juan 7:18). El propósito de la vida de Jesús era darle gloria a Dios, irradiar sus atributos, adornar la doctrina de Dios, aun si eso implicaba obedecer hasta la muerte. Y al vivir esta clase de vida, estableció el modelo para cada adorador verdadero (ver 1ª Pedro 2:21).

Vivir para la gloria de Dios elimina la posibilidad de ser hipócrita. Un hipócrita es aquel que trata de robarle la gloria a Dios deliberadamente. Quiere la gloria para sí mismo; Jesús acusa a los hipócritas en Mateo 6:1–2:

Cuídense de no hacer sus obras de justicia delante de la gente para llamar la atención. Si actúan así, su Padre que está en el cielo no les dará ninguna recompensa.

Por eso, cuando des a los necesitados, no lo anuncies al son de trompeta, como lo hacen los hipócritas en las sinagogas y en las calles para que la gente les rinda homenaje. Les aseguro que ellos ya han recibido toda su recompensa.

Cuando nos proponemos dedicar nuestras vidas para darle la gloria a Dios, no podemos buscar nuestra propia gloria. Lo que sea que haga en la obra del Señor: enseñar en la clase bíblica, testificar, orar, dar dinero, reprender el pecado o cualquier otra clase de servicio; si su motivo es impresionar a los hombres u obtener reconocimiento personal, Dios no va a bendecir sus esfuerzos. Si tratamos de robarnos la gloria para nosotros, hemos robado la bendición y el gozo que provienen de Dios.

Una vez, un estudiante pensó que podía impresionar a D. L. Moody. El joven estudiante había estado en una velada de oración y se sentía especialmente espiritual. Se acercó al Señor Moody y le dijo: «¿Sabe dónde estuve? Estuve en una velada de oración. ¿Ve cómo brillan nuestras caras?» El Señor Moody, poco impresionado, citó Éxodo 34:29: «Moisés no sabía que su cara brillaba».

Dedicar nuestras vidas para la gloria de Dios implica sacrificar nuestro propio ser; quiere decir que preferimos a Dios por encima de cualquier cosa. El adorador verdadero no piensa en cuánto lo va a ayudar a él, cuánto dinero va a obtener, cuánto éxito va a alcanzar, cuánta fama tendrá, cuántos amigos va a conseguir, cuán espiritual puede parecer ante los demás, y ese tipo de cosas. El propósito de dar la gloria a Dios es genuinamente desinteresado, sólo está tras esa búsqueda. La adoración verdadera no está interesada en la popularidad adquirida o en la clase de respuesta que se puede obtener.

Pagar el Precio

Buscar la gloria de Dios por encima de todo puede ser costoso. Éxodo 32 es el relato de algunas personas que pagaron un alto precio por la gloria de Dios. Cuando

Moisés descendió de la montaña después de recibir la ley de Dios, vio que el pueblo de Israel adoraba a un becerro de oro. Le estaban robando la gloria a Dios en las faldas del Monte Sinaí.

Moisés estaba furioso. Se paró en la puerta del campamento y dijo: *"Todo el que esté de parte del Señor, que se pase de mi lado". Y se le unieron todos los levitas* (v. 26). El versículo 27 dice: *El Señor, Dios de Israel, ordena lo siguiente: "Cíñase cada uno la espada y recorra todo el campamento de un extremo al otro, y mate al que se le ponga enfrente, sea hermano, amigo o vecino".*

La gloria de Dios estaba en juego y aquellos que querían defenderla, fueron llamados a realizar una tarea difícil. Tenían que matar a las personas que amaban, por amor a la gloria de Dios. Dios quería mostrarle al mundo de todas las épocas que Él no compartiría Su gloria con nadie. *Los levitas hicieron lo que les mandó Moisés, y aquel día mataron como a tres mil israelitas* (v. 28). Fue un alto precio para pagar por la gloria de Dios.

Dios no nos llama a matar a las personas que amamos para Su gloria. Puede pedirnos que renunciemos a ellos y a menudo nos llamará a asumir una posición poco popular en cuanto a asuntos importantes. Nos pide que paguemos un precio para glorificarlo a Él. Quien realmente quiera glorificar a Dios, estará feliz de hacer Su voluntad, sin importar el precio.

Jesús le dijo a Pedro: *De veras te aseguro que cuando eras más joven te vestías tú mismo e ibas adonde querías; pero cuando seas viejo, extenderás las manos y otro te vestirá y te llevará adonde no quieras ir. Esto dijo Jesús para dar a entender la clase de muerte con que Pedro glorificaría a Dios.* (Juan 21:18-19). En otras palabras, Pedro pagó el precio de morir crucificado para glorificar a Dios.

Pedro escribió su primera epístola para animar a los creyentes que sufrían mediante la verdad de que sus sufrimientos eran para la gloria de Dios. Él escribió: *Dichosos ustedes si los insultan por causa del nombre de Cristo, porque el glorioso Espíritu de Dios reposa sobre ustedes* (1ª Pedro 4:14). Pablo hizo énfasis en esto cuando escribió: *De hecho, considero que en nada se comparan los sufrimientos actuales con la gloria que habrá de revelarse en nosotros* (Romanos 8:18).

Vivir para la gloria de Dios siempre implica sufrimiento, y hay más de una clase de sufrimiento. Cada uno es sensible a sus propios dolores, y como creyentes somos consolados en gran manera por el hecho de que Jesús sufre cuando nosotros sufrimos. Pero el cristiano maduro, el adorador comprometido, tiene una perspectiva diferente: sufre mucho más cuando Dios sufre. Esto es, sufre cuando se difama el nombre de Dios o cuando no se reconoce Su gloria. En lugar de regocijarse de que Dios se identifique con su sufrimiento, se regocija en el privilegio de compartir el sufrimiento de Dios.

El Salmo 69:9 hace esta declaración poderosa: *El celo por tu casa me consume; sobre mí han recaído los insultos de tus detractores.* David escribió estas palabras; ellas tenían una trascendencia mesiánica y Jesús las citó, aplicándolas para sí mismo cuando limpió el templo. Este versículo describe a alguien que está tan cautivado por la gloria de Dios que toma cualquier blasfemia o insulto a Dios como un asunto personal.

Esta es la mentalidad del adorador verdadero; aquel que ha comprometido su vida para la gloria de Dios. Es consumido por el celo, no por propia reputación o autoimagen, sino por la gloria y la majestad del Dios todopoderoso, a quien ha dedicado su vida entera para adorarlo. Esta es la única clase de vida aceptable ante Dios.

Capítulo 13

CÓMO GLORIFICAR A DIOS

La adoración no es un hecho místico es, más bien, algo intensamente práctico. Glorificar a Dios no sirve de nada si no se hace de forma activa y dinámica. Una de las tragedias más grandes de la cristiandad contemporánea es que hemos permitido que se degenere el concepto de adoración, hasta tal punto que muchas personas piensan que adorar es sentarse en silencio y de forma piadosa, contemplando algo, como si fuera una acción abstracta y etérea.

Tal enfoque no tiene relación con lo que es la adoración verdadera, la cual se ofrece intencionalmente, con determinación y de forma activa. No sólo incluye el proceso de pensamiento sino a todo el ser. La vida de un adorador verdadero es gozosa y vibrante; una vida de constante búsqueda para glorificar a Dios de maneras prácticas.

La Escritura presenta las formas en las que podemos glorificar a Dios. En este capítulo, quisiera examinar varias respuestas ante la gloria de Dios que pueden considerarse actos de adoración pura y aceptable.

Confesión del Pecado

Adoramos a Dios y le damos gloria cuando confesamos nuestro pecado. 1ª Juan 1:9 es conocido: *Si confesamos nuestros pecados, Dios, que es fiel y justo, nos los perdonará y nos limpiará de toda maldad.* La palabra confesar en este versículo es *homologeo*, que proviene de la unión de dos palabras griegas: *homo*, «lo mismo» y *logos*, «expresión». Literalmente, significa «expresar completo acuerdo». La confesión es estar completamente de acuerdo con Dios sobre la responsabilidad por el pecado y lo horrible que es.

A menudo, no pensamos que la confesión del pecado sea una forma de adoración, pero lo es. Cuando confesamos nuestro pecado, nos humillamos ante el Señor, reconocemos Su santidad, experimentamos Su fidelidad y justicia al perdonarnos, aceptando cualquier castigo que nos pueda dar y, por lo tanto, lo glorificamos.

De hecho, la confesión tiene un doble propósito: ser un acto de adoración y preparar al pecador arrepentido para adorar. Hebreos 9:14 dice que la limpieza purifica la conciencia *¡a fin de que sirvamos al Dios viviente!* La palabra griega para servir en este versículo es *latreuo*, que significa «adoración». La purificación que se da en la confesión y perdón es una preparación importante para adorar.

El Antiguo Testamento presenta a Acán como un ejemplo de la forma en que Dios se glorifica cuando se confiesa el pecado. Acán desobedeció a Dios al robar el tesoro de la ciudad de Jericó. Pensó que si lo enterraba en su tienda, nadie lo sabría. Pero Dios lo vio y estaba tan molesto con

Acán, que toda la nación de Israel sufrió debido a su decisión: fueron derrotados en la batalla de Hai y muchos israelitas murieron, como una muestra de que Dios no bendice nuestro pecado.

Cuando Josué se dio cuenta de lo sucedido y se reveló el pecado de Acán, le dijo: —*Hijo mío, honra y alaba al* Señor, *Dios de Israel. Cuéntame lo que has hecho. ¡No me ocultes nada!* (Josué 7:19). Josué estableció una relación lógica entre la confesión del pecado y la gloria a Dios.

Es un paralelo adecuado. Confesar el pecado es glorificar a Dios: al hacerlo, se magnifica a Dios y se reconoce que Él es santo cuando actúa con juicio en contra de la maldad. Esto lo guarda de cualquier acusación de maldad al castigar el pecado y así, se le da la gloria a Dios.

Por otro lado, excusar el pecado es "impugnar" a Dios. Rehusarse a reconocer la responsabilidad personal por el pecado es culpar a Dios.

Eso hizo Adán. Después de que pecó, trató de culpar a alguien más: *La mujer que* ***Tú*** *me diste por compañera me dio de ese fruto, y yo lo comí* (Génesis 3:12, énfasis del autor). A primera vista, parece que estaba culpando a la mujer, pero una mirada minuciosa muestra que realmente estaba culpando a Dios, quien lo hizo a él y le dio a la mujer y, por lo tanto, era el responsable principal de la situación en la que Adán se encontraba. Le estaba asignando a Dios la responsabilidad por la injusticia, difamando Su carácter.

El apóstol Juan registra una declaración interesante en su descripción de las plagas que se desatarán en la tierra durante la tribulación. Apocalipsis 16:8–9 dice:

> *El cuarto ángel derramó su copa sobre el sol, al cual se le permitió quemar con fuego a la gente. Todos sufrieron terribles quemaduras, pero ni así se arrepintieron; en vez de darle gloria a Dios, que tiene poder sobre esas plagas, maldijeron su nombre.*

Reconocer su pecado y arrepentirse serían formas de glorificar a Dios porque, entonces, admitirían que Dios hizo lo correcto y que todas sus decisiones son perfectas. Sin embargo, serán juzgados porque se rehusarán a ofrecer la adoración de confesión.

Fe Implícita en Dios

Dios se glorifica cuando confiamos en Él incondicionalmente. La fe es tal vez la forma más básica de adoración. Romanos 4:20 dice:

> *Ante la promesa de Dios* (Abraham) *no vaciló como un incrédulo, sino que se reafirmó en su fe y dio gloria a Dios.*

Cada cristiano dice creer que Dios es fiel a Su palabra, pero son tan pocos los cristianos que viven vidas de confianza total, que el mundo no está tan seguro del carácter fidedigno de nuestro Dios. La más pequeña duda sobre

Dios, Su bondad o Su Palabra implica que Él no es lo que es. 1ª Juan 5:10 dice: *El que cree en el Hijo de Dios acepta este testimonio. El que no cree a Dios lo hace pasar por mentiroso, por no haber creído el testimonio que Dios ha dado acerca de su Hijo.* En otras palabras, cuando usted duda de Dios, lo hace parecer infiel.

Dios ha prometido claramente: *Ustedes no han sufrido ninguna tentación que no sea común al género humano. Pero Dios es fiel, y no permitirá que ustedes sean tentados más allá de lo que puedan aguantar. Más bien, cuando llegue la tentación, él les dará también una salida a fin de que puedan resistir* (1ª Corintios 10:13). Si decimos que no podemos soportar nuestras tentaciones y las pruebas de la vida, estamos diciendo que Dios es mentiroso.

Por alguna razón, pensamos que la duda y la preocupación son pecados «pequeños», pero cuando un cristiano muestra incredulidad, preocupación o incapacidad de hacerle frente a la vida, le está diciendo al mundo: «realmente, no se puede confiar en mi Dios» y esta clase de irrespeto hace que quien lo dice sea culpable de un error fundamental, el pecado atroz de deshonrar a Dios; este, definitivamente, no es un pecado pequeño.

Un buen ejemplo de la fe a toda prueba está en el relato de los tres jóvenes en el horno de fuego. Daniel 3 relata que antes de que Nabucodonosor los metiera al horno, les dio la oportunidad de retractarse de su fe en Dios para adorar su imagen de oro. El versículo 17 registra la respuesta que le dieron: *Si se nos arroja al horno en llamas, el*

Dios al que servimos puede librarnos del horno y de las manos de Su Majestad. Después en el versículo 18, agregan: **Pero aun si nuestro Dios no lo hace así**, *sepa usted que no honraremos a sus dioses ni adoraremos a su estatua* (énfasis del autor).

Estaban en una posición extremadamente difícil. Hasta este momento, no se había registrado que algún hijo de Dios hubiera sido amenazado con ser quemado en un horno de fuego y no había versículos de referencia en la Biblia que los jóvenes pudieran leer para encontrar una promesa de que sobrevivirían. Si hubieran sucumbido ante las circunstancias, Dios no habría sido glorificado. Pero ellos asumieron una posición de confianza total en la bondad y justicia de Dios, su fe fue reafirmada y Dios fue glorificado ante los ojos de la nación entera.

Abundancia de Fruto

Los creyentes fructíferos glorifican a Dios. En Juan 15:8, Jesús dijo: *en esto es glorificado mi Padre: en que llevéis mucho fruto y seáis así mis discípulos*. Tener fruto espiritual es una parte esencial de la adoración verdadera. Un pasaje paralelo es el Salmo 92:13–15:

> *Plantados en la casa del* Señor, *florecen en los atrios de nuestro Dios. Aun en su vejez, darán fruto; siempre estarán vigorosos y lozanos, para proclamar: "El* Señor *es justo; él es mi Roca, y en él no hay injusticia".*

Filipenses 1:10–11 confirma que el fruto espiritual glorifica a Dios:

para que disciernan lo que es mejor, y sean puros e irreprochables para el día de Cristo, llenos del fruto de justicia que se produce por medio de Jesucristo, para gloria y alabanza de Dios.

Colosenses 1:10 dice: *para que vivan de manera digna del Señor, agradándole en todo. Esto implica dar fruto en toda buena obra, crecer en el conocimiento de Dios.* Esto explica claramente lo que es producir fruto, el que damos para Su gloria es el fruto de las buenas obras. Efesios 5:9 dice: *(el fruto de la luz consiste en toda bondad, justicia y verdad).*

Gálatas 5 versículos 22 y 23 lo amplía, demostrando que el fruto se puede manifestar por medio de actitudes y, también, de acciones: *En cambio, el fruto del Espíritu es amor, alegría, paz, paciencia, amabilidad, bondad, fidelidad, humildad y dominio propio. No hay ley que condene estas cosas.* Podríamos decir que el fruto es cualquier acción en nuestras vidas que refleje el carácter de Dios.

Heine, el filósofo alemán dijo: «muéstreme su vida redimida y de pronto, podría creer en su redentor». El fruto espiritual es la evidencia ante el mundo de los resultados de una vida obediente. El fruto que producimos, revela el carácter de Dios ante aquellos que no lo conocen. Así como un fruto en un árbol es una reproducción genética de las características del árbol de origen, el fruto espiritual es la reproducción de las características de Jesucristo, quien dijo: *Yo soy la vid verdadera* (Juan 15:1).

Alabanza Verbal

También glorificamos a Dios mientras lo alabamos con nuestras bocas. En el Salmo 50:23, Dios dice: *El que ofrece sacrificios de alabanza me honrará* (RV95). Alabar es simplemente exaltar a Dios cuando hablamos de Sus atributos, Sus obras y le agradecemos por lo que es y por lo que ha hecho. La mayoría de los salmos son expresiones puras de esta clase de alabanza. En el Salmo 107 se usa repetidamente la expresión: *El que ofrece sacrificios de alabanza me honrará.*

La mejor manera de aprender a confiar en Dios en el presente es estudiando Sus obras en el pasado. Él ya ha establecido un modelo de Su fidelidad; Sus obras asombrosas son recuerdos continuos de que siempre ha sido fiel. Recordarlas y enumerarlas glorifica a Dios.

En el día de Pentecostés, cuando los creyentes fueron llenos del Espíritu Santo y hablaron en lenguas, el mensaje que proclamaban era acerca de *las maravillas de Dios* (Hechos 2:11).

Lucas 17 cuenta la historia de un grupo de leprosos. Como su enfermedad era tan horrible y potencialmente contagiosa, estaban separados de la sociedad. Eran marginados que debían evitarse y todas las personas se mantenían tan lejos de ellos como fuera posible. Excepto Jesús:

Cómo glorificar a Dios

Un día, siguiendo su viaje a Jerusalén, Jesús pasaba por Samaria y Galilea. Cuando estaba por entrar en un pueblo, salieron a su encuentro diez hombres enfermos de lepra. Como se habían quedado a cierta distancia, gritaron:

—¡Jesús, Maestro, ten compasión de nosotros!

Al verlos, les dijo:

—Vayan a presentarse a los sacerdotes. Resultó que, mientras iban de camino, quedaron limpios.

Uno de ellos, al verse ya sano, regresó alabando a Dios a grandes voces. Cayó rostro en tierra a los pies de Jesús y le dio las gracias, no obstante que era samaritano.

—¿Acaso no quedaron limpios los diez? —Preguntó Jesús—. ¿Dónde están los otros nueve?

¿No hubo ninguno que regresara a dar gloria a Dios, excepto este extranjero?

Levántate y vete —le dijo al hombre—; tu fe te ha sanado.

Fue una situación triste e increíble: de diez leprosos salvos de una vida de enfermedad y vergüenza, sólo uno pensó en glorificar a Dios al alabarlo por Su obra de gracia maravillosa.

Buena Voluntad Para Sufrir

Adoramos a Dios cuando lo amamos lo suficiente como para sufrir por Él. En el capítulo anterior, vimos que vivir para la gloria de Dios siempre implica sufrimiento. Recuerde que Pedro fue llamado a glorificar a Dios al morir por Él. Pedro asumió este reto en su corazón y su vida; sus escritos fueron un estudio de la relación entre el sufrimiento y la gloria. Es el tema de su primera epístola.

Pedro escribió: *Dichosos ustedes si los insultan por causa del nombre de Cristo, porque el glorioso Espíritu de Dios reposa sobre ustedes (…)Pero si alguien sufre por ser cristiano, que no se avergüence, sino que alabe a Dios por llevar el nombre de Cristo* (1ª Pedro 4:14 y 16).

Miqueas fue aprisionado, Isaías fue aserrado y partido en dos y Pablo fue decapitado. La tradición dice que Lucas fue colgado en un árbol y Pedro fue crucificado bocabajo. De esta forma, le dieron gloria a Dios. Puede que Dios nos llame a sufrir martirio; pero sea que lo haga o no, debemos adorarlo con la disposición de sufrir incluso la muerte por Él. Sufrir por Dios es el honor supremo ante Su nombre santo y quiere decir que usted piensa que Él es lo más importante.

Un Corazón que Enfrenta

El adorador verdadero también vive una vida de satisfacción, sin importar las circunstancias. La satisfacción testifica de la sabiduría y soberanía de Dios y de ese modo, lo

Cómo glorificar a Dios

glorifica. Por otro lado, el descontento es básicamente rebeldía. Una persona descontenta en efecto, culpa a Dios.

El mensaje de Filipenses 4:4 es *alégrense siempre en el SEÑOR. Insisto: ¡Alégrense!* Desde el versículo 10 hasta el 13, vemos que Pablo tiene una actitud de satisfacción total. Los filipenses le habían enviado una ofrenda económica y les escribió que les agradecía por eso:

> *Me alegro muchísimo en el SEÑOR de que al fin hayan vuelto a interesarse en mí. Claro está que tenían interés, sólo que no habían tenido la oportunidad de demostrarlo. No digo esto porque esté necesitado, pues* **he aprendido a estar satisfecho en cualquier situación en que me encuentre.** *Sé lo que es vivir en la pobreza, y lo que es vivir en la abundancia. He aprendido a vivir en todas y cada una de las circunstancias, tanto a quedar saciado como a pasar hambre, a tener de sobra como a sufrir escasez. Todo lo puedo en Cristo que me fortalece* (Énfasis del autor).

Aprender a tener esta clase de satisfacción es una lección que pocas personas han entendido. En el versículo 17, Pablo agrega estas palabras: *No digo esto porque esté tratando de conseguir más ofrendas, sino que trato de aumentar el crédito a su cuenta.* En otras palabras, Pablo estaba más alegre de que los filipenses estuvieran creciendo y produciendo fruto, que por el dinero. Concluye en los versículos 19 y 20 al expresar alabanza y confianza que fluían en su corazón debido a la satisfacción que sentía: *Así que mi Dios les proveerá de todo lo que necesiten, conforme a las gloriosas riquezas que tiene en Cristo Jesús.* ***A nuestro Dios y Padre sea la gloria por los siglos de los siglos.*** ***Amén*** (énfasis del autor).

Es fácil sentirse satisfecho cuando se recibe una ofrenda económica, pero Pablo también estaba satisfecho en circunstancias difíciles. Cuando escribió que podía estar contento en la adversidad, no estaba hablando porque sí. Él había pasado por toda clase de adversidades. 2ª Corintios 11:23–28 es un listado de todas las desventuras que sufrió:

> *¿Son servidores de Cristo? ¡Qué locura! Yo lo soy más que ellos. He trabajado más arduamente, he sido encarcelado más veces, he recibido los azotes más severos, he estado en peligro de muerte repetidas veces. Cinco veces recibí de los judíos los treinta y nueve azotes. Tres veces me golpearon con varas, una vez me apedrearon, tres veces naufragué, y pasé un día y una noche como náufrago en alta mar. Mi vida ha sido un continuo ir y venir de un sitio a otro; en peligros de ríos, peligros de bandidos, peligros de parte de mis compatriotas, peligros a manos de los gentiles, peligros en la ciudad, peligros en el campo, peligros en el mar y peligros de parte de falsos hermanos. He pasado muchos trabajos y fatigas, y muchas veces me he quedado sin dormir; he sufrido hambre y sed, y muchas veces me he quedado en ayunas; he sufrido frío y desnudez. Y como si fuera poco, cada día pesa sobre mí la preocupación por todas las iglesias.*

Además, asumió las cargas de otros creyentes. *¿Cuando alguien se siente débil, no comparto yo su debilidad? ¿Y cuando a alguien se le hace tropezar, no ardo yo de indignación?* (v. 29). También escribió: *Si me veo obligado a jactarme, me jactaré de mi debilidad* (v. 30). No escribió: «le daré gloria a Dios a pesar de mi dolor», sino «le daré gloria a Dios por mi dolor». Tal satisfacción caracteriza a la adoración en espíritu y en verdad.

Oración con Confianza

Además, la adoración y la alabanza son inseparables. Juan 14:13 es una declaración de que la oración glorifica a Dios: *Cualquier cosa que ustedes pidan en mi nombre, yo la haré; así será glorificado el Padre en el Hijo.*

No dice que podemos pedirle a Dios lo que sea y Él nos lo dará. El prerrequisito es que nuestras peticiones deben ser hechas en el nombre del Jesús, (esto no quiere decir simplemente que debemos etiquetar cada oración con las palabras *en el nombre de Jesús, amén*). Orar en el nombre de Jesús significa ir de parte de Jesús, pidiendo de acuerdo con lo que Él desea. Nuestras peticiones deben ser realizadas conforme a Su voluntad. No es posible orar en el nombre de Jesús por algo que Él no quiere.

Esto elimina a las peticiones egoístas. También significa que antes de orar, debemos entender la mente de Cristo. Muchos cristianos tienden a ver a la oración sólo como una forma para obtener cosas o zafarse de otras. Parece que hemos confundido el concepto de la oración, que realmente es tener una comunión, es ser conscientes de la maravillosa presencia de Dios y de la relación con Él aquí, aprendiendo de Sus pensamientos y deseos, y orando por su cumplimiento en nuestras vidas.

Una oración así se cumple cuando Dios se glorifica en la respuesta. La oración no le informa a Dios acerca de hechos que Él no ha oído. Su propósito es permitir manifestar Su gloria al dar la respuesta. Entre más específicas sean nuestras oraciones, más claramente se revelará Su gloria en la respuesta. Y por último, Su gloria es más importante que la respuesta a la oración.

Un Testigo Claro

Adoramos a Dios al proclamar Su palabra con claridad. Pablo le escribió a los tesalonicenses: *Por último, hermanos, oren por nosotros para que el mensaje del Señor se difunda rápidamente y se le reciba con honor, tal como sucedió entre ustedes* (2ª Tesalonicenses 3:1). Dios se glorifica cuando Su Palabra se expone, cuando las personas la escuchan y son salvas. Hechos 13:48–49 registra la respuesta a la predicación de Pablo: *Al oír esto, los gentiles se alegraron y celebraron la palabra del Señor; y creyeron todos los que estaban destinados a la vida eterna. La palabra del Señor se difundía por toda la región.*

La gloria de Dios es inherente a Su Palabra, así que dondequiera que se exponga Su palabra, está siendo glorificado; y cuando proclamamos la Palabra y otros llegan a Cristo, estamos glorificando a Dios de una forma suprema porque cuando una persona es redimida, también empieza a adorar en espíritu y verdad para dedicar su vida a la gloria de Dios. La adoración engendra nuevos adoradores y el ciclo de glorificar a Dios empieza otra vez en la vida del nuevo creyente.

Obviamente, la Escritura nos muestra que hay muchas otras formas para adorar y glorificar a Dios; pero a partir de lo que hemos estudiado en estos pasajes que declaran que Dios es glorificado, es evidente que la adoración verdadera es una búsqueda activa que consume todo nuestro tiempo y que no tiene fin. Mientras el adorador ofrece su vida para la gloria de Dios, descubre un recurso abundante de gozo, poder y significado que no está disponible para todos, porque la vida que honra a Dios es la única vida que lo adora realmente.

14
Capítulo

La adoración, según el modelo original

Como hemos visto, la adoración involucra todo lo que hay en el interior de una persona, todo lo externo y todo lo que se desarrolla al interior de la congregación del pueblo de Dios. Hace años, William Temple definió la adoración de esta manera: «adorar es ser más consciente de la santidad de Dios, alimentar la mente con Su verdad, limpiar la imaginación con Su belleza, abrir el corazón a Su amor y dedicar la voluntad a Su propósito».

La adoración involucra todo lo que somos, al reaccionar de la forma correcta frente a lo que Él es. En este estudio, hemos revisado la importancia de la adoración. Hemos visto las bases, el fundamento que establece a la adoración como producto de la salvación personal; hemos establecido que el único objeto válido de adoración es el Dios verdadero y vivo, tal como se ha revelado en Su palabra; hemos determinado que la esfera de la adoración abarca todo el tiempo y todos los lugares, especialmente la reunión de los redimidos; hemos discutido la esencia de la adoración, y visto que debe haber un equilibrio perfecto entre el espíritu y la verdad; es decir, entre la palabra de Dios y el corazón; y hemos hecho énfasis en que hay unas formas prácticas de glorificar a Dios y adorarlo como debe ser. Finalmente, quiero presentar una perspectiva general de la adoración aceptable que nos acompañará a través de varias verdades para ver cómo ésta afecta a nuestras vidas.

Preparándose Para Adorar

La adoración aceptable no ocurre de forma espontánea, la preparación es esencial. Por ejemplo, en un servicio de adoración se prepara el coro, el predicador, el pianista y los demás músicos. Pero la preparación más importante es la del adorador individual, aunque desafortunadamente, con frecuencia, es la más descuidada. ¿Cómo se aplica toda la verdad sobre la adoración que hemos estudiado en la preparación para la adoración?

Hebreos 10:22 es un llamado a la adoración. Ofrece una perspectiva amplia sobre la clase de preparación que Dios espera de parte de un adorador:

> *Acerquémonos, pues, con corazón sincero, en plena certidumbre de fe, purificados los corazones de mala conciencia y lavados los cuerpos con agua pura.*

El versículo sugiere cuatro puntos para evaluar nuestra disposición para adorar. La primera es *sinceridad*. Debemos acercarnos *con un corazón sincero.* La adoración aceptable requiere un corazón que se decide por Dios y Su gloria. La hipocresía es fatal para la adoración, al igual que la doble moral, la preocupación por sí mismo y la apatía. No podemos entrar en la presencia de Dios con un corazón que no es sincero. Por lo menos debe ser transparente, según lo que hemos aprendido.

Un segundo punto al prepararse para la adoración es la *fidelidad*: *acérquense… con la plena seguridad que da la fe*. El escritor de Hebreos estaba guiando a personas que estaban acostumbradas al Antiguo Pacto y trataban de aferrarse a éste. Pero había llegado el nuevo Pacto con la nueva revelación de Jesucristo y los misterios del Nuevo Testamento se habían manifestado. Para adorar a Dios, los hebreos tenían que decirle «no» al Antiguo Pacto y a sus ceremonias, sacrificios, símbolos, imágenes y elementos. Lo antiguo ya no estaba; se había dejado a un lado. Había llegado un nuevo pacto que era mejor y ellos tenían que desear acercarse a Dios con total confianza de la fe revelada en el Nuevo Testamento.

El Pacto Nuevo, en contraste con el antiguo, no es un sistema basado en ceremonias, sacrificios y obediencia externa a la ley. Requiere que el adorador se acerque a Dios completamente seguro de que puede hacerlo por la fe en Jesucristo. Adorar con plena seguridad de fe es simplemente honrar de acuerdo con la verdad de que sólo la fe es el cimiento para ser aceptado ante Dios. El adorador verdadero debe ir basándose sólo en su fe. Esto es fidelidad.

Un tercer punto es *humildad*. Hebreos 10:22 dice: *acerquémonos... interiormente purificados de una conciencia culpable*. Cuando nos acercamos a Dios confiadamente, en plena certeza de fe, debemos ser humildes debido a nuestra propia falta de mérito, sabiendo que no tenemos derecho de estar ahí. Sólo nos acercamos gracias a la purificación de la sangre de Jesucristo, porque nuestros corazones son malvados.

El punto final de Hebreos 10:22 es *pureza*: *acerquémonos... exteriormente lavados con agua pura*. No se refiere a un lavamiento del cuerpo literalmente, sino a la confesión diaria y a la limpieza espiritual necesarias para tratar los pecados de nuestra condición humana. La aspersión de la sangre de Cristo que se da en la conversión, es una limpieza permanente y completa a lo largo de la vida, pero nuestros pies tienden a levantar polvo del mundo en el que vivimos y caminamos, y requieren limpieza periódica.

Un evento acontecido la noche en que Jesús fue traicionado, ilustra la necesidad de dicha limpieza. Jesús se había dirigido junto con sus discípulos a una habitación donde todos compartirían la Cena de la Pascua. En contra de las costumbres sociales del día, no tenían un sirviente que lavara los pies de los hombres, que estaban sucios por caminar en medio de senderos polvorientos. Ninguno de los discípulos, que estaban discutiendo por quién sería grande en el Reino, se ofreció a desempeñar una tarea de tan baja categoría. Aparentemente, cada uno estaba preparado exclusivamente para ignorar la falta de un siervo; excepto Jesús mismo, quien asumió el papel de sirviente, tomando una vasija y una toalla, para lavar los pies de los discípulos.

Cuando llegó a donde estaba Pedro, él no quería que Jesús lo hiciera. *¡Jamás me lavarás los pies!,* dijo (Juan 13:8), pero Jesús le respondió: *Si no te los lavo, no tendrás parte conmigo,* debido a esto Pedro respondió en el versículo 9: *Entonces, Señor, ¡no sólo los pies sino también las manos y la cabeza!* Jesús le dijo a Pedro en el versículo 10: *El que ya se ha bañado no necesita lavarse más que los pies —le contestó Jesús—; pues ya todo su cuerpo está limpio. Y ustedes ya están limpios, aunque no todos.*

1ª Juan 1:9 habla sobre la limpieza de retoque: *Si confesamos nuestros pecados, Dios, que es fiel y justo, nos los perdonará y nos limpiará de toda maldad.* La confesión y la limpieza diaria por la deshonra de los pecados es un prerrequisito para ir a la presencia de Dios y, por lo tanto, es un prerrequisito para la adoración aceptable.

Entonces, estos son los puntos clave: sinceridad, fidelidad, humildad y pureza. Sin éstos, no estamos preparados para entrar en la presencia de Dios para adorarlo. Sin embargo, si tenemos en cuenta estos puntos, Él se acercará a nosotros. Esta es la promesa divina, y la adoración alcanza su punto máximo cuando el adorador vive en la presencia de Dios, en el resplandor de Su gloria y en una vida de adoración.

Adoración que Supera los Obstáculos

Temo que muy pocos cristianos han experimentado esta clase de adoración. Muchas personas han ido a la iglesia por años, pero nunca se han acercado a Dios, y nunca han experimentado el acercamiento de Dios a sus vidas. Se quejan de que adorar es difícil y en sus devocionales diarios parecen enfrentar barreras insuperables. La adoración que Dios requiere no puede ser entorpecida por tales barreras, como veremos, hay algunas de las clases de adoración presentadas en las Escrituras que rompen todo tipo de barreras.

Una es la *adoración de arrepentimiento*. David había cometido un gran pecado que, desde luego, había generado una barrera entre él y Dios. Cometió adulterio con Betsabé y, después, asesinó a su esposo. Como resultado del pecado, Betsabé tuvo un hijo y murió. David sabía que Dios lo estaba castigando. Esta es la respuesta que dio: *Entonces David se levantó del suelo y en seguida se bañó y se perfumó; luego se vistió y fue a la casa del SEÑOR para adorar. Después regresó al palacio, pidió que le sirvieran alimentos, y comió* (2º Samuel 12:20).

Esta es la adoración de arrepentimiento. David estaba en medio de una situación trágica, la pérdida de su bebé y, aun así, adoró a Dios porque sabía que había recibido lo que merecía. Aun al recibir el castigo, adoró.

El castigo siempre llama a la alabanza. Dios nos castiga porque nos ama y nuestros corazones deben responder con adoración. El arrepentimiento genuino sucede cuando el alma dice: «he pecado y merezco ser castigado. He negado la verdad, y lo más importante, he pecado contra Dios». Justo en medio del castigo, la adoración de arrepentimiento produce un fluir del corazón ante Dios, una confesión de culpa, y un reconocimiento de que obtenemos lo que merecemos, sin importar cuál sea la calamidad. Donde no hay alabanza, sino ira y amargura contra Dios, no hay arrepentimiento genuino ni confesión de pecado.

Así fue como David entró a la casa del Señor y lo adoró, aun cuando lo estaba corrigiendo. Y esta es la clase de compromiso para adorar que necesitan las personas.

Una segunda clase de adoración que rompe barreras es la *adoración de sumisión*. Cuando Job escuchó las noticias de que todo lo que amaba, se había desvanecido (sus hijos, sus posesiones y sus animales), adoró. La Biblia dice: *Al llegar a este punto, Job se levantó, se rasgó las vestiduras, se rasuró la cabeza, y luego se dejó caer al suelo en actitud de adoración. Entonces dijo: "Desnudo salí del vientre de mi madre, y desnudo he de partir. El Señor ha dado; el Señor ha quitado. ¡Bendito sea el nombre del Señor!"* (Job 1:20–21). Muchas personas se hubieran amargado y hubieran proferido maldiciones contra Dios.

Job no había pecado como David. Dios no lo estaba castigando por algún pecado, sino que le estaba permitiendo a Satanás que lo probara para Sus propósitos. La respuesta de Job demuestra sujeción incondicional.

Muchas personas no son capaces de adorar a Dios porque se rehúsan a aceptar el lugar que les corresponde en sus vidas, sus trabajos, sus carreras, sus parejas, sus hijos u otras circunstancias que Dios trae a sus vidas. Reaccionan con amargura y no pueden adorar.

Job fue capaz de ver más allá de sus circunstancias presentes para ver la bondad de Dios en Su plan. Dijo:

Él, en cambio, conoce mis caminos; si me pusiera a prueba, saldría yo puro como el oro (23:10). Cuando Dios trae circunstancias negativas a nuestras vidas, siempre tiene un propósito positivo.

De hecho, invariablemente estamos en problemas cuando no tenemos problemas, ya que no podemos crecer. En Jeremías 48:11, Dios se prepara para juzgar a Moab y dice:

> *Moab ha vivido en paz desde su juventud; ha reposado sobre sus heces. No ha pasado de vasija en vasija, ni ha ido jamás al exilio. Por eso conserva su sabor y no pierde su aroma.*

El pueblo de Moab había tenido todo tan fácil y cómodamente, que se había vuelto rancio. La analogía que usa Jeremías es propia de la vitivinicultura. En los días de Jeremías, los vitivinicultores, ponían uvas aplastadas en un envase y dejaban que se asentaran. Al final, el amargo y el sedimento, conocidos como los posos, se acumulaban en el fondo. El vitivinicultor drenaba el contenido en otro envase, de modo que el amargo quedaba al fondo del segundo envase con más sedimentos. Después, ponía el vino en otro envase, y otro, y durante un lapso de tiempo; se removían todos los sedimentos y el amargo se usaban para hacer vinagre; así el vino quedaba con un aroma dulce, según la preferencia del vitivinicultor.

Moab nunca perdió su amargo porque los habitantes nunca enfrentaron situaciones difíciles en las que pudieran expulsarlo.

Estamos mejor en la vida si Dios nos pone prueba tras prueba, porque cada vez que estamos en una de ellas, cuando nos encontramos en circunstancias indeseables, se va removiendo un poco de amargura en nuestras vidas. Finalmente, un día Dios nos sacará de la última prueba y todo lo que quedará será el aroma dulce que Él estuvo buscando todo el tiempo. La amargura se habrá ido.

Un tercer tipo, la *adoración de devoción*, se ve en la vida de Abraham. Dios le había ordenado ofrecer a su hijo Isaac como ofrenda ante Él. Esto implicaba asesinarlo y quemarlo en un altar. Génesis 22 relata lo sucedido:

> *Abraham se levantó de madrugada y ensilló su asno. También cortó leña para el holocausto y, junto con dos de sus criados y su hijo Isaac, se encaminó hacia el lugar que Dios le había indicado. Al tercer día, Abraham alzó los ojos y a lo lejos vio el lugar. Entonces le dijo a sus criados: —Quédense aquí con el asno. El muchacho y yo seguiremos adelante para adorar a Dios, y luego regresaremos junto a ustedes.*

Parece increíble que Abraham, sabiendo que Dios tomaría la vida de su hijo, fuera capaz de ver este acto como una muestra de adoración. Se había dedicado a adorar, sin importar el costo. Pudo ver más allá de las barreras del dolor, la dificultad y la pérdida de su hijo y adoró. Algunas personas no adoran a Dios porque sienten que hacerlo puede implicarles un pequeño sacrificio de tiempo y esfuerzo. ¿Qué tanto desearía su ser hundir un cuchillo en el pecho de su hijo amado, y llamarlo adoración porque Dios así lo ha mandado?

Es digno de resaltar que Abraham no usó la palabra *sacrificio*. Vio más allá. Estaba tan dedicado a adorar a Dios que vio más allá de la agonía inmediata y estuvo dispuesto a pagar el terrible precio, si eso era lo que Dios quería. Tal como un adorador verdadero, estaba dispuesto a ofrecer adoración con devoción, aunque tuviera que pagar el costo más alto.

Los Resultados de Adorar Como Debe Ser

Cuando el pueblo de Dios adora de la manera en la que Él exige, se ven varios resultados. Primero, y por supuesto, *Dios es glorificado*. Como hemos visto, glorificar a Dios es el elemento más determinante de la adoración, que es reconocer Su gloria y ofrecerle alabanza por esto. Dios lo exige. Levítico 10:3 dice: *Moisés le dijo a Aarón: "De esto hablaba el* Señor *cuando dijo: 'Entre los que se acercan a mí manifestaré mi santidad, y ante todo el pueblo manifestaré mi gloria'". Y Aarón guardó silencio.*

Dios quiere ser exaltado y glorificado por Su pueblo. La adoración logra esto. Como dijimos, el Salmo 50:23 dice: *Quien me ofrece su gratitud, me honra; al que enmiende su conducta le mostraré mi salvación*, y si se logra ofrecer una adoración así, sería suficiente. Pero lamentablemente, no es así.

Cuando adoramos a Dios como Él desea, *somos purificados*. Como vimos en el capítulo 7, cuando nos acercamos para adorar a Dios, inmediatamente, nos enfrentamos a la verdad de que no podemos entrar ante Su presencia a menos que tengamos *manos limpias y corazón puro* (Salmo 24:4). Una adoración individual es solamente individual, y una adoración como iglesia, es de iglesia.

La adoración demanda pureza. Una y otra vez, hemos visto que el prerrequisito para tener el privilegio de entrar a la presencia de Dios es el reconocimiento de la condición pecadora personal y tener la disposición para abandonarla. Un deseo apasionado por ser puro y limpio es el resultado normal de estar con Dios. Entre más cerca estamos de Dios, más abrumados nos sentimos por nuestra condición pecadora.

La santidad de la iglesia y la individual son la llave para la calidad de la adoración. Por ejemplo, la revisión personal y la limpieza que se dan en la observancia del servicio de Comunión no se pueden separar de este acto de adoración. La iglesia primitiva se acercaba a la mesa del Señor a menudo, (aparentemente, lo hacían a diario). Tal vez, esta era la razón de su poder espiritual.

De hecho, otro sello de la adoración realizada a la manera de Dios es que *la iglesia es edificada*, los santos se fortalecen y son transformados. La forma en que usted adora de forma individual no sólo afecta su vida, sino también la vida de la iglesia en su conjunto. Si su adoración es aceptable, la iglesia será fortalecida y edificada; pero si es inaceptable, la iglesia se debilitará.

Una revisión cuidadosa del libro de los Hechos muestra que cuando la iglesia adoraba, *hallaban gracia ante Dios, y Él agregaba diariamente a la iglesia a quienes debían ser salvos;* llenaron la ciudad con Su doctrina, trastornaron el mundo y fueron agradables, atractivos y dinámicos.

La edificación no se refiere a sentirse mejor, sino a vivir mejor. Cuando los santos se reúnen para adorar al Señor, se fortalecen individual y colectivamente, provocando una transformación. *Así, todos nosotros, que con el rostro descubierto reflejamos como en un espejo la gloria del* Señor, *somos transformados a su semejanza con más y más gloria por la acción del* Señor, *que es el Espíritu* (2ª Corintios 3:18).

Este versículo nos recuerda a Moisés, quien tuvo una relación íntima con Dios. Éxodo 33:11 dice: *Y hablaba el* Señor *con Moisés cara a cara, como quien habla con un amigo.* Moisés experimentó la adoración más pura, rica y significativa posible, cara a cara con Dios. Incluso, Dios dejó que Su gloria pasara delante de Moisés, y fue una experiencia transformadora. Después, su cara brillaba; era tan brillante que era irreconocible. No era el hombre de antes. Toda la adoración tiene una clase de efecto transformador. En santa intimidad, el adorador verdadero está cara a cara ante Dios y es transformado por Su gloria.

Si la adoración colectiva en la iglesia deja a las personas sin cambio, no se está adorando en realidad. Si lo que sucede en el servicio de la iglesia no estimula a los santos a una mayor obediencia, llámelo como quiera, pero no es adoración. La adoración siempre produce transformación y edificación para la iglesia.

Finalmente, cuando adoramos a Dios de una forma aceptable, *se evangeliza a los perdidos*. El testimonio profundo de la adoración individual o colectiva, tiene un impacto mayor en los perdidos, que los sermones.

Como hemos visto repetidas veces en este estudio, la adoración es el propósito principal del plan de redención. La doctrina de la adoración es el alma del evangelismo. Algunos separan la adoración del evangelismo, pero este es un error muy serio. No hay nada más importante en la vida de cualquier persona que la orientación de su vida para adorar a Dios con el propósito de alcanzar a otros.

Jesús mismo hizo de la adoración un tema en el evangelismo. Su discurso sobre la importancia de la adoración verdadera en Juan 4 no era para los fariseos u otros líderes religiosos. Le estaba hablando a una mujer inmoral y no creyente, a una prostituta. De todos los temas que pudo haber discutido con ella, escogió la adoración, lo cual muestra la forma perfecta y personal en que nuestro Señor trata las necesidades de los individuos. A lo largo de su corta conversación, pudo convencerla de que Él era el Mesías, la instruyó acerca de la adoración aceptable y la guió a la salvación.

Sus palabras sobre la adoración eran exactamente lo que exigía la situación. No le ofreció un «plan» de salvación, sino que fue directo a su corazón, lo esencial en el asunto. Primero, la retó a adorar a Dios en espíritu y en verdad, y al hacerlo, la llevó a la fe. Ella creyó, fue redimida y se convirtió en una adoradora verdadera.

¿Cuándo fue la última vez que usted evangelizó a alguien de esta manera? Una parte fundamental del mensaje evangelístico es llamar a hombres y mujeres a adorar porque Dios, el Padre de nuestro Señor Jesucristo, es digno de adoración.

Una mujer judía fue a una sinagoga en el barrio donde se encuentra nuestra iglesia. Iba buscando consejo porque su matrimonio estaba en crisis y en la sinagoga le dijeron que no podían aconsejarla hasta que pagara su cuota. Con justa razón, estaba furiosa. Esto sucedió un domingo en la mañana, y mientras salía de la sinagoga, se halló entre la multitud que venía a la iglesia y se puso nerviosa. Estaba tan abrumada por la atmósfera de la adoración que confió en Jesús como su Salvador. Se bautizó unas semanas después.

Luego, me dijo que no recordaba mucho sobre el sermón, pero que estaba absolutamente asombrada por la paz, el gozo y el amor que había entre las personas mientras adoraban. Nunca había visto algo así. Como resultado de la adoración de las personas, llegó a los pies de Cristo.

Esto sucede una y otra vez. Cuando el pueblo de Dios adora reunido, levantando sus corazones al Señor y experimentando Su bendición infinita, sus caras brillan porque están en la presencia de Dios, produciendo un impacto inmedible en las personas del mundo. Toda nuestra apologética y nuestros métodos evangelísticos nunca podrán alcanzar el impacto de un adorador verdadero.

Tristemente, a pesar de todo lo que hablamos de Dios, toda la difusión que se hace en el nombre del Señor y todas las personas que afirman haber experimentado la salvación, no vemos mucha adoración como debería ser en nuestros días. Oro para que la verdadera adoración no se pierda completamente.

DIOS GLORIOSO:

Que en mi vida tenga el fuego para adorarte,
la corona y gloria de mi alma para alabarte
y el placer celestial para acercarme a Ti.
Dame el poder, mediante el Espíritu,
para ayudarme a adorar ahora;
que pueda olvidarme del mundo y enfocarme
en la plenitud de la vida;
que sea refrescado, consolado y bendecido.
Dame entendimiento sobre Tu bondad
para que no me abrume Tu grandeza.
Jesús, Hijo del hombre, Hijo de Dios,
que no sea yo horrorizado,
sino que esté cerca con un amor filial, con fuerza santa.
Eres mi mediador, hermano, intérprete, rama,
mediador y cordero.
Te glorifico a Ti, en Ti estoy puesto en lo alto.

ADORAR, *La máxima prioridad*

No tengo una corona para darte, pero lo que me has dado,
te lo devuelvo feliz de sentir que todo es mío cuando es tuyo,
y todavía me pertenece más cuando lo he rendido ante Ti
Permíteme vivir completamente para mi Salvador,
libre de distracciones, de preocupaciones y de obstáculos
cuando busco el camino angosto.
Soy perdonado por la sangre de Jesús.
Dame una nueva perspectiva al respecto.
Continúa perdonándome;
que cada día pueda venir a la fuente
y cada día sea limpio una vez más,
que pueda adorarte siempre en espíritu y verdad.[8]

---

8 Arthur Bennett, El valle de la visión. (Carlisle, Pa: Estandarte de la verdad, 1975). Pág. 196.

EDITORIAL CLC
Diagonal 61D Bis No. 24-50
Bogotá, D.C., Colombia
www.clccolombia.com